Vladimir Simovic
Thordis Bonfranchi-Simovic

Einstieg in WordPress 3.5

Bibliografische Information der Deutschen Nationalbibliothek

Die Deutsche Nationalbibliothek verzeichnet diese Publikation in der
Deutschen Nationalbibliografie; detaillierte bibliografische Daten sind
im Internet über http://dnb.dnb.de abrufbar.

ISBN 978-1482385267
1. Auflage 2013

Vladimir Simovic
Thordis Bonfranchi-Simovic

Gerstenkamp 16
51061 Köln

www.perun.net
kontakt@perun.net

Inhaltsverzeichnis

Vorwort

Dieses Buch besteht aus zwei selbständigen Teilen. Der erste Teil basiert auf dem E-Book *WordPress für Adminstratoren und Webmaster*[1] und bietet einen schnellen und unkomplizierten Einstieg in die administrativ-technischen Betreuung einer Word-Press-Installation.

Der erste Teil führt durch den Installationsprozess von Word-Press, erklärt die wichtigsten Schritte zu ersten Anpassungen und behandelt ausführlich Tipps & Tricks, die Ihnen bei der Administrierung von WordPress helfen, zum Beispiel das Erstellen von Backups, das Updaten der Installation, Sicherheitsaspekte, die Performance-Optimierung.

Der zweite Teil des Buchs basiert auf dem E-Book *WordPress für Autoren & Redakteure*[1] und bietet einen schnellen und unkomplizierten Einstieg in die redaktionelle Betreuung einer Word-Press-Installation.

In diesem Teil wird erklärt, wie man einen Beiträge verfasst, welche Einstellungen es gibt, wie man verschiedene Inhalte (Texte, Bilder etc.) einfügt, Beiträge verwaltet und Kommentare moderiert.

Wenn Sie mehr über WordPress erfahren möchten, dann können Sie den Newsfeed von unseren Websites *www.perun.net* und *WordPress-Buch*[2] abonnieren. Bevorzugen Sie E-Mail, dann empfehlen wir Ihnen unseren kostenlosen, wöchentlichen WordPress-Newsletter[3].

Vladimir Simovic, Februar 2013

---

1   perun.net/wordpress-anleitung-handbuch/
2   wpbuch.de
3   wordpress-newsletter.perun.net

Teil I:

WordPress
für Administratoren & Webmaster

1. WordPress installieren

1.1 Voraussetzungen

Bevor man mit der Installation von WordPress beginnt, sollte man sich vergewissern, ob der Server bzw. Webspace, auf dem man die Installation durchführen möchte, auch alle Voraussetzungen[4] erfüllt.

Zur Zeit sind das für WordPress 3.5 die folgenden:

• Webspace, am besten mit Apache als Webserver

• PHP ab der Version 5.2.4

• MySQL-Datenbank ab der Version 5.0

Außerdem sollten Sie sich über folgende Punkte Klarheit verschaffen:

• Ist die Datenbank installiert und kennen Sie die Zugangsdaten?

• Haben Sie einen FTP-Zugang und kennen Sie dessen Zugangsdaten?

• Haben Sie ein FTP-Programm, einen Texteditor und ein Entpack-Programm zur Verfügung?

• Optional: Haben Sie Zugriff auf die *.htaccess*-Datei?

• Optional: Wird Apache als Webserver eingesetzt und ist sein Modul *mod_rewrite* aktiv? Dies benötigen Sie damit Sie "sprechende URLs" erstellen können.

Kann man alle Punkte mit "Ja" beantworten steht der Installation von WordPress nichts mehr im Wege.

---

4   wpde.org/voraussetzungen/

1.2 Die 5-Minuten-Installation

1.2.1 Herunter laden

Die aktuelle Version von WordPress kann man von mehreren Stellen beziehen: u. a. von der offiziellen Seite[5] oder der inoffiziellen deutschsprachigen Seite[6].

Hinweis: Im Folgenden wird angenommen, dass Sie das deutschsprachige Paket von der inoffiziellen Seite installieren.

Nachdem Sie das gezippte Paket (DE-Edition) heruntergeladen haben, müssen Sie es zunächst entpacken.

1.2.2 Konfigurationsdatei bearbeiten

Der nächste Schritt besteht darin, die Konfigurationsdatei *wp-config-sample.php* zu bearbeiten. Öffnen Sie die Datei in einem Texteditor. Bitte nehmen Sie einen Texteditor (Notepad, PSPad etc.) und **kein** Textverarbeitungsprogramm (Word, OpenOffice etc.).

Angaben zur Datenbank

Nach einem erläuternden Text folgen die Zeilen, in denen Sie einige Angaben tätigen müssen. Der zu bearbeitende Teil der Datei beginnt mit dem Code `/** MySQL Einstellungen - diese Angaben bekommst du von deinem Webhoster. */`

Im Folgenden ersetzt man nun die Beispielangaben mit den Angaben, die man von seinem Hoster bekommen hat. Meist kann man diese der Administrationsoberfläche des Web-Accounts oder der E-Mail, die man bei der Registrierung vom Provider be-

---

5   wordpress.org/download/
6   wpde.org/download/

Konkret muss man den Datenbanknamen anstatt des Platzhalters `database_name_here` eingeben, danach den Benutzernamen (`username_here`) und das Passwort (`password_here`). Den Wert `localhost` können Sie in den meisten Fällen unverändert lassen.

Den Datenbankzeichensatz sollte man beim Standardwert `utf8` belassen, außer man kennt sich mit dem Aufbau der Datenbank gut aus und hat vor, einen anderen Zeichensatz für die Datenbank zu vergeben.

Gesalzene Passwörter

Ein Stückchen tiefer findet man acht *Sicherheitsschlüssel*. Mit den dazugehörigen Werten verschlüsseln Sie die Login-Daten. Hierbei spricht man auch von "gesalzenen" Passwörtern.

Um die Werte einzufügen kann man die Website[7] besuchen, die auch im erläuternden Text erwähnt wird.

Beim Aufruf der Adresse werden automatisch acht einzigartige Schlüssel generiert. Das Textpaket kann man nun komplett per Copy & Paste in die Konfigurationsdatei kopieren bzw. einfügen.

Datenbankpräfix

Im Code der Konfigurationsdatei finden Sie den Wert `wp_` als Datenbankpräfix vorgegeben. Hierbei handelt es sich um das Präfix für die einzelnen Datenbanktabellen.

Aus sicherheitstechnischen Gründen sollte man dies nicht so belassen. Jeder andere Wert, der vom Standard abweicht, z. B. `mein_blog_` gibt Ihrer Installation zusätzliche Sicherheit gegen Hackerangriffe.

---

7   https://api.wordpress.org/secret-key/1.1/salt/

Auch wenn Sie mehrere WordPress-Installationen in der gleichen Datenbank unterbringen wollen müssen Sie individuelle Präfixe vergeben, beispielsweise `mein_blog2_`. In der Datenbank hätten Sie dann eine Tabelle mit `mein_blog_posts` und `mein_blog2_posts`. Ändern Sie bei einer Mehrfachinstallation das Präfix nicht, erhalten Sie eine Fehlermeldung.

Nach der Bearbeitung speichern Sie die Datei unter dem Namen *wp-config.php* ab.

Nun kann endlich die berühmte "5-Minuten-Installation" von WordPress beginnen!

1.2.3 Hochladen bzw. installieren

Nun geht es darum, das WordPress-Paket auf den Server hochzuladen. Dafür können Sie ein FTP-Programm Ihrer Wahl benutzen, ich nutze dafür gerne FileZilla[8].

Nach dem Hochladen auf den Server müssen Sie die Installationsdatei *install.php* aufrufen, die sich im Ordner *wp-admin* befindet. Die Adresse, die Sie im Browser aufrufen müssen lautet also:

www.meine-blog-adresse.de/wp-admin/install.php

Wenn Sie bis jetzt alles richtig gemacht haben, sehen Sie nun die Begrüßungsmeldung von WordPress:

---

8   filezilla-project.org

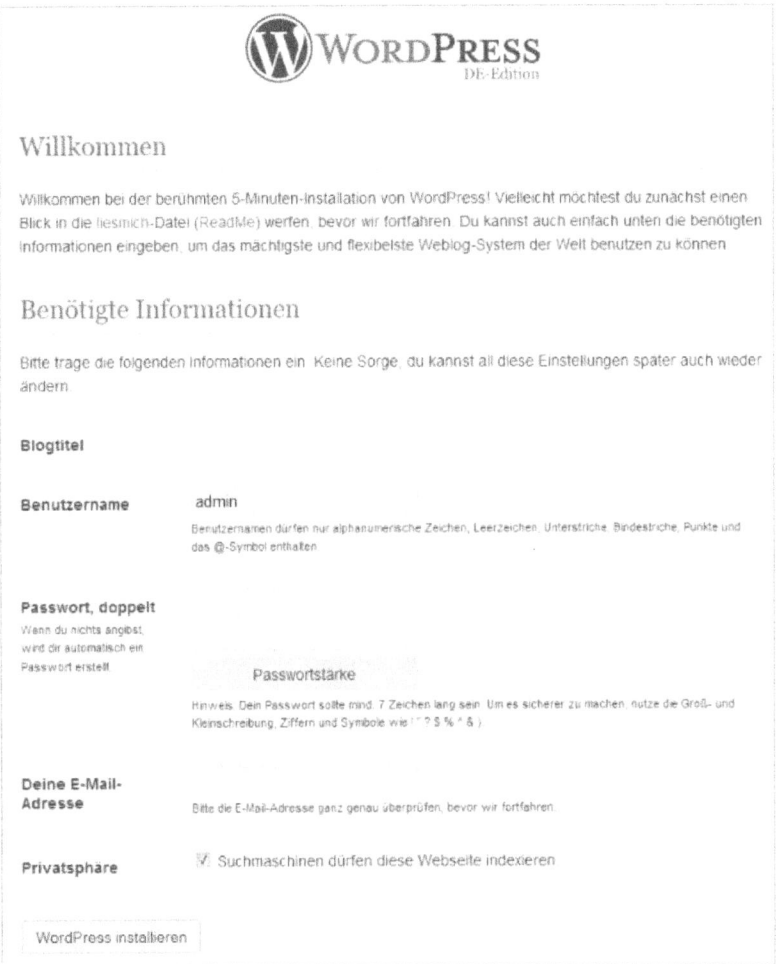

Abbildung 1.1: WordPress-Begrüßung

Sollten Sie eine Fehlermeldung erhalten, möchte ich Sie auf das Ende dieses Kapitels verweisen.

In diesem Formular können bzw. müssen Sie nun einige Angaben machen:

- Name des Weblogs (Blogtitel)

1. WordPress installieren

- individueller Nutzername

- eigenes Passwort

- E-Mail-Adresse des Administrators

Der **Name des Weblogs** bzw. der Blogtitel, den Sie hier angeben, wird, je nachdem welches Theme Sie nutzen, im Header, also im Kopfbereich, auftauchen und als Teil der Kopf- bzw. Titelleiste des Browsers angezeigt werden. Sie können den Namen jeder Zeit in den Einstellungen (Menüpunkt: *Einstellungen / Allgemein*) ändern.

Bei der Wahl eines **Nutzernamen** sollten Sie auf keinen Fall den schon eingetragenen Standard `admin` verwenden. Wenn Sie einen individuelleren Namen nutzen senken Sie das Risiko durch potentielle Angreifer, die mit Hilfe von Skripten versuchen auf vielen, verschiedenen Wegen in Ihr Weblog einzudringen. Der Standard-Nutzername könnte mit einem gekippten Fenster oder einer nicht richtig verschlossenen Tür bei einer Wohnung verglichen werden.

Auch bei der Wahl Ihres **Passwortes** sollten Sie auf Sicherheit achten. Das Passwort sollte mindestens acht Zeichen haben und es sollte auf jeden Fall zumindest aus Groß- und Kleinbuchstaben zusammengesetzt sein. Noch besser ist es, wenn Zahlen und Sonderzeichen – zum Beispiel ! oder ? – im Passwort vorhanden sind.

Die **E-Mail-Adresse** sollte Ihre sein und gültig, da hierhin z. B. ein neues Passwort geschickt wird, wenn man seines verloren hat. Die Adresse können Sie nachträglich in den Einstellungen (Menüpunkt: *Einstellungen / Allgemein*) ändern.

Unterhalb der Eingabefelder befindet sich eine Checkbox mit folgendem Text:

> *Suchmaschinen dürfen diese Webseite indexieren.*

Diese Option ist standardmäßig aktiviert. Sie sollten sie deaktivieren, wenn Sie erst mal in Ruhe am Weblog arbeiten wollen, ohne dass diverse Dienste und das "Bloggersdorf" wissen, dass ein neues Weblog das Licht der Welt erblickt hat. Zu einem späteren Zeitpunkt können Sie diese Funktion in den Einstellungen (Menüpunkt: *Einstellungen / Lesen*) wieder aktivieren.

Die Erfolgsmeldung nach so wenigen Einstellungen wird Sie hoffentlich freuen:

Abbildung 1.2: Die WordPress-Installation war erfolgreich!

Sie haben WordPress nun erfolgreich installiert.

1.2.4 Mögliche Fehler bei der Installation

Selbstverständlich kann es auch zu Fehlermeldungen während der Installation kommen. Diese haben in den allermeisten Fällen ihre Ursache in fehlerhaften Angaben in der Konfigurationsdatei.

Überprüfen Sie also noch einmal folgende Einstellungen:

- Kennen Sie den richtigen Datenbanknamen und haben Sie diesen richtig in der Konfigurationsdatei notiert?

- Kennen Sie den richtigen Nutzernamen für die Datenbank und haben Sie diesen in der Konfigurationsdatei auch richtig notiert?

- Kennen Sie das richtige Passwort für die Datenbank und haben Sie es in der Konfigurationsdatei richtig notiert?

- Haben Sie die Konfigurationsdatei mit ihrem "neuen Namen" (*wp-config.php*) hochgeladen? Und wenn ja, an die richtige Stelle?

Ein anderer häufiger Fehler besteht darin, dass das gewählte Datenbankpräfix schon vorhanden ist – durch eine vorherige Installation. Auch hier bekommen Sie eine entsprechende Fehlermeldung.

Korrigieren Sie die fehlerhafte Eingabe in der *wp-config.php* und laden Sie diese erneut hoch und starten Sie den Installationsvorgang noch einmal.

1.3 Konfiguration

In diesem Abschnitt soll es nun darum gehen WordPress an Ihre Bedürfnisse anzupassen.

Nach dem ersten Einloggen in WordPress erwartet Sie eine Willkommensbox, die wichtige Links auflistet um neuen Nutzern den Start zu erleichtern:

Abbildung 1.3: Die ersten Schritte

Von hier aus kann man das Layout (Theme) anpassen, den ersten Beitrag verfassen, eine neue Seite erstellen, Widgets und Kommentare verwalten und einiges mehr.

Ohne Sie jetzt erschrecken zu wollen es gibt noch mehr Bereiche, in denen der Administrator Einstellungen vornehmen sollte. Auf alle relevanten werden wir in diesem Abschnitt zu sprechen kommen.

Doch bevor wir damit anfangen, wollte ich Ihnen noch zeigen, wie die Website (auch Frontend genannt) aussieht. So kann man sich ein besseres Bild davon machen was man eigentlich genau mit den unterschiedlichen Einstellungen bewirkt.

Um zur Website zu gelangen klicken Sie einfach auf den verlinkten Blogtitel, der sich links oben in der sog. Administrationsleiste befindet.

1. WordPress installieren

Abbildung 1.4: Link zum Frontend

Im Frontend angelangt präsentiert sich WordPress folgendermaßen:

Abbildung 1.5: WordPress im Frontend

Die Abbildung zeige ich Ihnen nicht nur, damit Sie sich ansehen können, wie die Website aussieht, sondern um Ihnen schon zwei Punkte aufzuzeigen, die wir in den nächsten Schritten anpassen wollen.

Im Header, also im Kopfbereich, sehen Sie den von Ihnen ge-wählten Blogtitel, in diesem Fall *WordPress 3.5* und darunter *Eine weitere WordPress-Seite* (evtl. – je nach Sprachdatei – auch *Ein weiterer WordPress-Blog*), der Blog-Slogan. Im mittleren Be-reich sehen Sie den ersten Beitrag mit der Überschrift "Hallo Welt!"

Im Inhaltsbereich finden Sie den ersten Beitrag mit Veröffentli-chungsdatum, der gewählten Kategorie und der Anzahl der ab-gegebenen Kommentare.

In der Statuszeile Ihres Browsers können Sie außerdem die URL des Beitrags sehen, wenn Sie mit der Maus über die Überschrift des Beitrags fahren: *www.ihre-website.de/?p=1*. Diese Adresse sagt nicht viel aus, deshalb werden wir sie in einem der nächsten Schritte ändern, damit sie sowohl für Besucher als auch für Suchmaschinen leserlicher wird.

In das Administrationsmenü gelangen Sie zurück, wenn Sie das Drop-Down-Menü öffnen, das sich hinter dem Blogtitel in der Administrationsleiste befindet.

Abbildung 1.5: Wechsel in den Administrationsbereich

Die Administrationsleiste im Frontend wird nur angezeigt, wenn Sie eingeloggt sind. Falls Sie die Website im ausgeloggten Zu-

1. WordPress installieren

stand besuchen und es keinen Direktlink zum Einloggen auf der Seite selber befinden rufen Sie einfach entweder die Webadresse *meine-website.de/wp-login.php* oder *meine-website.de/wp-admin/* auf um zum Login-Bereich zu gelangen.

1.3.1 Allgemeine Einstellungen

Wechseln Sie zunächst einfach zum Dashboard und von da zum zum Menüpunkt *Einstellungen / Allgemein.*

| Einstellungen › Allgemein | Hilfe ▾ |

| Blogtitel | WordPress 3.5 |

| Untertitel | Ein weiterer WordPress-Blog |
| | *Erkläre in ein paar Wörtern, worum es auf deiner Seite geht.* |

| WordPress Adresse (URL) | http://www.ihre-website.de |

| Seiten-Adresse (URL) | http://www.ihre-website.de |
| | *Wenn die Startseite in einem anderen Verzeichnis liegen soll als die WordPress-Installation, dann gehört diese Adresse hier hinein.* |

| E-Mail-Adresse | kontakt@perun.net |
| | *Diese Adresse wird nur zu administrativen Zwecken verwendet.* |

| Mitgliedschaft | ☐ Jeder kann sich registrieren. |

| Standardrolle eines neuen Benutzers | Abonnent ▾ |

Zeitzone	Berlin ▾ *UTC-Zeit ist*
	19.12.2012 12:05 *Deine lokale Zeit ist* 19.12.2012 13:05
	Wähle eine Stadt, die in deiner Zeitzone liegt.
	Diese Zeitzone ist zurzeit in der Winterzeit.
	Die Sommerzeit beginnt am: Sonntag, 31. März 2013 01:00.

Datumsformat	○ 19. Dezember 2012
	○ 2012/12/19
	○ 12/19/2012
	○ 19/12/2012
	◉ Angepasst: l, d. F Y Mittwoch, 19. Dezember 2012
	Documentation on date and time formatting (engl.)
	Deutsches Zeitformat einstellen

Zeitformat	◉ 13:05
	○ 1:05 PM
	○ Angepasst: H:i 13:05

Abbildung 1.6: Allgemeine Einstellungen

Hier empfiehlt es sich u. a. die folgenden Punkte anzupassen:

Untertitel

Geben Sie einfach in das entsprechende Textfeld einen passenden Untertitel für Ihre Website ein – Sie können das Feld natürlich auch leer lassen.

Uhrzeit und Datum

Bei den folgenden Punkten können Sie einige Angaben bzgl. Uhrzeit und Datum machen. Stellen Sie also die gewünschte **Zeitzone** ein, passen Sie evtl. das **Datumsformat** sowie das **Zeitformat** an und wählen Sie den Wochentag aus, an dem die **Woche beginnt**.

Abändern können Sie in diesem Bereich auch den Blogtitel und die E-Mail-Adresse, die Sie bei der Installation angegeben haben.

Vergessen Sie nicht Ihre Angaben mit einem Klick auf den Button "Änderungen übernehmen" zu aktivieren bzw. zu speichern.

1.3.2 Schreibeinstellungen

Dieser Bereich gliedert sich in mehrere Bereiche, die alle das Schreiben bzw. Veröffentlichen von Beiträgen und Seiten betreffen.

Einstellungen › Schreiben

Formatierung	☑ Wandle Emoticons wie :-) und :-P in Grafiken um.
	☐ WordPress soll falsch verschachteltes XHTML automatisch korrigieren.
Standardkategorie für Beiträge	Allgemein ▾
Standard-Beitrags-Formatvorlage	Standard ▾

Press This

Press This ist ein Bookmarklet: Eine kleine Anwendung, die in deinem Browser läuft und dir erlaubt, verschiedene Sachen aus dem Web zu übernehmen.

Benutze Press This, um Text, Bilder und Videos aus jeder beliebigen Webseite einzubinden. Dann kannst du es einfach mit Press This bearbeiten und noch etwas hinzufügen, bevor du es speicherst oder als Beitrag veröffentlichst.

Ziehe den folgenden Link in deine Favoritenleiste oder füge ihn über einen Rechtsklick zu deinen Favoriten hinzu, um eine Abkürzung zum Schreiben zu haben.

🖥 Press This

Via E-Mail schreiben

Um Beiträge in WordPress via E-Mail zu veröffentlichen, musst du ein geheimes E-Mail-Konto mit POP3-Zugang einrichten. Jede E-Mail, die an diese Adresse geschickt wird, wird auf deiner Seite veröffentlicht, halt deshalb diese Adresse strengstens geheim. Hier drei Beispiele möglicher Zufallszeichenketten, die du verwenden könntest: `IYtAhFZx`, `fKdhzHVn`, `2rmZrVtz`.

Mailserver	mail.example.com
	Port 110
Login-Name	login@example.com
Passwort	password
Standardkategorie für Beiträge per E-Mail	Allgemein ▾

Update Services

WordPress benachrichtigt keine Updatedienste aufgrund der Sichtbarkeitseinstellungen

Abbildung 1.7: Schreibeinstellungen

Direkt am Anfang befinden sich zwei Checkboxen, die die Formatierung betreffen. Die erste bestimmt, ob aus Zeichen wie :-) und ;-) ein gelber Smiley wird. Die zweite Checkbox ist nur relevant, wenn Beiträge im Text-Editor verfasst werden. In diesem Fall würde ich empfehlen, diese Checkbox zu aktivieren.

In den Auswahllisten darunter bestimmen Sie die Standardkategorie und die Standard-Beitrags-Formatvorlage für Ihre Beiträge. Das heißt, dass wenn Sie z. B. einen Beitrag verfassen und keine Kategorie und/oder keine Formatvorlage auswählen, der Beitrag dann in dieser Kategorie mit der entsprechenden Formatvorlage veröffentlicht wird.

Press This

Bei "Press This" handelt es sich um ein Bookmarklet, mit dem das Verfassen von Beiträgen möglich ist, ohne dass man sich im Backend von WordPress befindet.

Das Bookmarklet befindet sich auch im Bereich *Werkzeuge/Verfügbare Werkzeuge* und ist somit auch für Redakteure und Autoren erreich- bzw. nutzbar, die ja nicht in den Bereich der *Einstellungen* gelangen können.

Via E-Mail schreiben

Mit WordPress ist es auch möglich Beiträge via E-Mail zu veröffentlichen. Dafür muss man ein E-Mail-Konto einrichten, das nur die jeweiligen Redakteure und Autoren kennen sollten, denn alle E-Mails, die an diese Adresse geschickt werden, werden als Beitrag veröffentlicht.

Um Spammern das Leben schwer(er) zu machen empfiehlt sich zudem ein exotisches Präfix für die Adresse einzusetzen.

Ein gutes Beispiel wäre *bl274brghl-7azrq@perun.net* und ein schlechtes wäre *kontakt@perun.net* oder *info@perun.net*.

Damit diese Funktion genutzt werden kann, müssen Sie den Mailserver, den Port, Ihren Login-Namen, das Passwort und eine

Standardkategorie, in der die Mail-Beiträge veröffentlicht werden sollen, angeben.

Update-Services

Im unteren Teil dieses Unterbereichs haben Sie die Möglichkeit, die Update-Services zu verwalten. Hierbei benachrichtigt Ihr Weblog einen bestimmten Dienst bzw. eine Website, dass es auf Ihrem Weblog etwas Neues gibt. Da Sie aber bei der Installation wahrscheinlich die Checkbox *Suchmaschinen dürfen diese Webseite indexieren.* deaktiviert haben, ist logischerweise auch die Benachrichtigung der Pingdienste deaktiviert.

Sie können hier jederzeit die Benachrichtigungsfunktion wieder aktivieren bzw. deaktivieren. Klicken Sie dafür auf den Link *Sichtbarkeitseinstellungen* und aktivieren Sie im Unterbereich *Einstellungen / Lesen* die Suchmaschinen-Sichtbarkeit Ihres Blogs.

1.3.3 Leseeinstellungen

In diesem Bereich geht es vornehmlich darum wie der Inhalt der Website präsentiert wird.

Abbildung 1.8: Leseeinstellungen

Sie können hier folgende Parameter festlegen:

* Welche Seite soll als Startseite angezeigt werden? – Eine Blogseite, bzw. eine Seite mit den letzten Beiträgen oder eine statische Seite; außerdem können Sie hier eine statische Seite auswählen, die alle Beiträge enthält, wenn die Startseite eine statische Seite ist.

* Maximale Anzahl der Beiträge auf einer Blogseite.

* Maximale Anzahl der angezeigten Beiträge im Newsfeed.

* Sollen im Newsfeed die kompletten Beiträge oder nur ein Auszug angezeigt werden?

Ganz zu unterst können Sie festlegen, ob Ihre Website von Suchmaschinen indexiert werden soll. WordPress weist allerdings darauf hin, dass es den Suchmaschinen obliegt diese Einstellung zu befolgen: "Es liegt an den Suchmaschinen, diese Anfrage anzunehmen." Außerdem verhindert es in keiner Weise den Zugang zur Website, wie dies ein Passwortschutz es tun würde!

1.3.4 Diskussionseinstellungen

Der Unterbereich *Einstellungen / Diskussion* ist relativ umfangreich und beschäftigt sich einzig mit den Möglichkeiten, die Besucher Ihrer Website beim Kommentieren von Seiten und/oder Beiträgen haben.

Abbildung 1.9: Diskussionseinstellungen

Kommentarmoderation

Sie können zunächst festlegen, ob Ping- und Trackbacks geschickt bzw. empfangen werden sollen und ob es Besuchern überhaupt gestattet ist zu kommentieren. Diese Einstellungen können bei jedem einzelnen Beitrag angepasst werden und "überschreiben" dann die hier festgelegten Regeln.

Wenn das Kommentieren erlaubt ist, geht es im folgenden Bereich darum welche Mindestangaben (Name und E-Mail-Adresse) bzw. Mindestvoraussetzungen (evtl. Registrierung)erfüllt werden müssen. Außerdem können Sie auch festlegen, dass das Kommentieren von älteren Beiträgen nicht mehr möglich ist.

Sie können zudem festlegen wie die Kommentare optisch auf der Website präsentiert werden (Verschachtelung, wie viele auf einer Seite, Reihenfolge).

Bei den E-Mail-Einstellungen können Sie festlegen, ob und wann Sie und der Autor eines Beitrags über abgegebene Kommentare per E-Mail unterrichtet werden möchten.

Sie können außerdem entscheiden, ob ein Kommentar erst nach einer Prüfung durch den Administrator erscheinen darf und ob der Autor des Kommentars einen bereits erschienenen Kommentar verfasst haben muss.

Graue und schwarze Liste

Durch das Festlegen von Wörtern in einer grauen und schwarzen Liste sowie die Beschränkung auf eine maximale Anzahl von Links, die ein Kommentar beinhalten darf, können Sie schon im Vorfeld einen großen Teil des Spam-Aufkommens bekämpfen.

Avatare

WordPress bietet die Möglichkeit, dass neben einem Kommentar auch der Avatar des Autors erscheint. Hier können Sie festlegen, ob dies der Fall sein soll und falls ja, was angezeigt werden soll, wenn ein Autor über keinen Gravatar[9] (globally recognized avatar) verfügt.

1.3.5 Einstellungen der Mediathek

Abbildung 1.10: Einstellungen der Mediathek

Die Einstellungen, die Sie in diesem Abschnitt tätigen können betreffen die Präsentation von Medien.

Sie können die maximalen Bildgrößen festlegen und ihr hochgeladenen Medien in monats- und jahresbasierten Ordnern organisieren.

ACHTUNG –Ein gerade installiertes WordPress hat **noch keinen Ordner** für hochgeladene Medien. Sie müssen also den Ordner *uploads* im Ordner *wp-content* noch mit Hilfe ihres FTP-Programmes erstellen. Und damit auch Bilder in diesem Ordner gespeichert werden können, müssen Sie ihm die vollen Schreibrechte (*CHMOD 777*) zuweisen.

---

9 de.gravatar.com

1.3.6 Permalinkeinstellungen

In diesem Bereich der Einstellungen können sie die sogenannten "sprechenden URLs" erzeugen und somit den Permalinks der mit WordPress betriebenen Website aussagefähige Adressen geben.

Voraussetzung dafür ist, dass auf dem Apache-Webserver, auf dem Sie WordPress installiert haben, das Modul *mod_rewrite* aktiv ist. Außerdem müssen Sie die Möglichkeit haben eine *.htaccess*-Datei hochzuladen und diese zu beschreiben.

Die *.htaccess*-Datei ist eine Textdatei, die Sie in jedem Texteditor erstellen können. Mit dieser Datei haben Sie die Möglichkeit, das Verhalten des Apache-Webservers zu beeinflussen oder auf bestimmte Funktionen zuzugreifen: "sprechende" URLs, Passwortschutz etc.

Abbildung 1.11: Permalinkeinstellungen

Standardmäßig ist die Funktion der "sprechenden" URLs nicht aktiviert und die URLs zu den einzelnen Beiträgen sind folgendermaßen aufgebaut:

www.ihre-website.de/?p=123

Falls Sie lieber sprechende URLs einsetzen möchten, haben Sie die Auswahl zwischen verschiedenen Varianten:

- vollständiges Datum (Jahr, Monat, Tag) und Name des Beitrags:
  www.ihre-website.de/2012/01/14/artikel-name/

- Teil des Datums (Jahr, Monat) und Name des Beitrags:
  www.ihre-website.de/2012/01/artikel-name/

- Nummerische Einordnung:
  www.ihre-website.de/archives/123

- Nur Name des Beitrags:
  www.ihre-website.de/artikel-name/

Sie haben selbstverständlich aber auch die Möglichkeit den Aufbau der Permalink-Struktur in Ihrem Weblog ganz individuell zu gestalten. Welche Tags Ihnen dafür zur Verfügung stehen erfahren Sie im WordPress-Codex[10], der im Erläuterungstext dieser Backendseite auch verlinkt ist.

Optional dazu haben Sie zudem die Möglichkeit, die Kategoriebasis in der Adresse einer Kategorie anzupassen. Üblicherweise – nachdem sprechende URLs erzeugt wurden – ist eine Kategorieadresse so aufgebaut:

www.ihre-website.de/category/allgemein/

Das Wort `category` können Sie durch z.B. *kategorie*, *thema* oder *ordner* ersetzen. Dafür müssen Sie in dem entsprechenden Textfeld z. B. `kategorie` eintragen, wenn Sie *category* durch *kategorie* ersetzen wollen.

---

10   http://codex.wordpress.org/Using_Permalinks

Damit die Änderungen aus diesem Bereich auch wirksam werden können, müssen Sie allerdings zunächst eine *.htaccess*-Datei erstellen und diese in den Hauptordner hochladen. Hierein "notiert" WordPress dann ihre Änderungen.

Erstellen Sie also lokal eine Textdatei mit dem Namen *a.htaccess*. Diese Datei muss leer sein und darf nicht mit einem Textverarbeitungsprogramm (Word o. ä.) erstellt worden sein. Die Datei heißt deswegen **a.**htaccess, da Windows es Ihnen nicht erlaubt eine Datei ohne Namen zu erstellen.

Nach dem Hochladen in das Hauptverzeichnis ihrer WordPress-Installation, also auf die gleiche Ebene auf der sich auch die *wp-config.php*-Datei befindet, benennen Sie die Datei einfach in den korrekten Namen .*htaccess* um und weisen ihr gleichzeitig Schreibrechte (*CHMOD 666*) zu. Erst jetzt kann WordPress ihre Änderungen bzgl. der Permalinks speichern.

Falls Sie dieser Datei keine Schreibrechte zuweisen möchten (oder können) können Sie auch den von WordPress generierten Code manuell in diese Datei einfügen. WordPress zeigt diesen Code an, falls Sie Ihre Änderungen speichern und es keine beschreibbare .*htaccess*-Datei am richtigen Ort finden kann.

Abbildung 1.12: Inhalt für die .*htaccess*-Datei

1.3.7 Sonstiges

Auf (fast) allen nun besuchten Seiten sind Ihnen hoffentlich im rechten oberen Bereich die Links *Optionen einblenden* und/oder *Hilfe* aufgefallen.

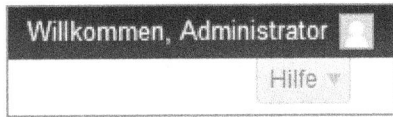

Abbildung 1.13: Hilfe zur Seite

Hier können Sie einstellen was Sie auf einer Seite im Backend angezeigt bekommen möchten (Link: *Optionen einblenden*) und sie bekommen jeweils an die gerade gezeigte Seite angepasst einige Hilfestellungen (Link: *Hilfe*) zur Bedienung der Funktionen. Optionseinstellungen gelten allerdings immer nur für den jeweiligen Nutzer und sind nicht global gültig.

1.4 All-in-one, die *options.php*

Ein schönes Gimmick möchte ich Ihnen am Ende dieses Kapitels noch präsentieren. Wenn Sie die URL *www.ihre-website.de/wp-admin/options.php* Ihrer WordPress-Installation aufrufen, dann bekommen Sie folgendes Bild zu sehen:

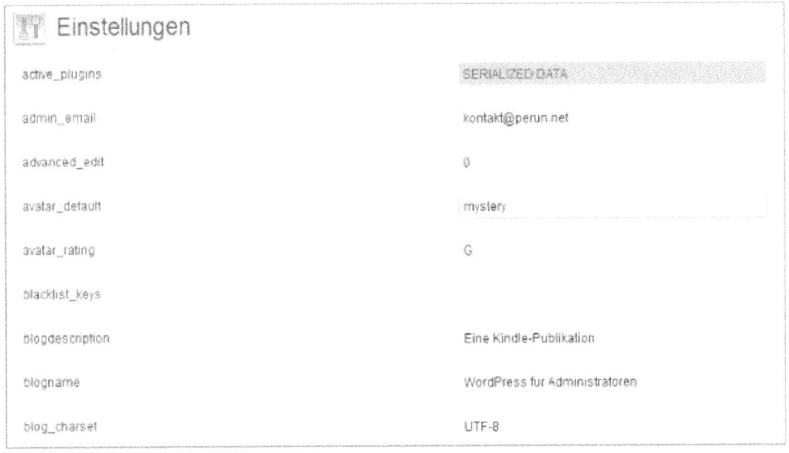

Abbildung 1.14: Alle Einstellungen in der *options.php*

1. WordPress installieren

Sie bekommen hier **alle** Einstellungen Ihrer WordPress-Installation übersichtlich auf einer Seite präsentiert. Hier können Sie auch Plugin-Einstellungen einsehen und bearbeiten und Sie können Einstellungen tätigen, für die es im Admin-Bereich keine Einstellungsmöglichkeiten gibt, wie die Einstellung für den MIME-Typ für den Inhalt des Weblogs.

2. Das Weblog anpassen

2.1 Plugins

WordPress alleine bietet schon einiges, um seine Installation an-zupassen. Falls Sie sich mit PHP auskennen, können Sie noch mehr aus dem System herausholen, aber da das nicht bei jedem der Fall ist und man vielleicht auch nicht für jede Kleinigkeit ein eigenes Skript verfassen möchte, gibt es zahlreiche Plugins für WordPress.

Plugins erweitern die Funktionalität von WordPress und geben einem so die Möglichkeit eine WordPress-Basisinstallation an seine eigenen Bedürfnisse anzupassen.

Das offizielle Plugin-Verzeichnis[11] listet derzeit (Stand: Februar 2013) fast 23.500 verschiedene Plugins auf. Schauen Sie sich ein-fach mal um und lassen sie sich überraschen was alles möglich ist. Welche Plugins Sie schlussendlich installieren hängt natür-lich ganz von Ihren Bedürfnissen und Ihren Vorlieben ab. Gene-rell sollte man allerdings nicht zu viele Plugins installieren, da-mit die Performance von WordPress nicht allzu sehr leidet.

Obwohl Sie WordPress-Plugins auch auf anderen Websites fin-den werden, empfiehlt es sich – aus sicherheitstechnischen Gründen – Plugins aus dem offiziellen Verzeichnis den Vorzug zu geben. Zum anderen haben Sie dann den Vorteil, dass Sie das Plugin wesentlich einfacher installieren und updaten können als dies bei "externen" Plugins der Fall ist.

Wenn es Sie interessiert welche Plugins ich auf *perun.net* einset-ze, empfehle ich Ihnen den dortigen Artikel "meine Top-15-Plug-ins"[12].

---

11   wordpress.org/extend/plugins/
12   perun.net/2013/01/23/wordpress-meine-top-15-plugins/

2.1.1 Plugins installieren

Grundsätzlich gibt es – wie oben schon angedeutet – mehrere
Wege ein Plugin zu installieren. Entscheidend hierbei ist, woher
Sie das Plugin "nehmen". Kommt es von der offiziellen Seite oder
haben Sie es beim Entwickler direkt heruntergeladen?

Plugins automatisch installieren

Um ein Plugin automatisch, und das heißt gleichzeitig auch aus
dem offiziellen Verzeichnis, zu installieren muss man den
Menüpunkt *Plugins/Installieren* aufrufen.

Abbildung 2.1: Ein Plugin installieren

Der Bereich gliedert sich in drei Bereiche. Im oberen Bereich befinden sich einige Links:

- Suchen: Der aktuell angezeigte Bereich, in dem Sie nach

einem Plugin suchen können.

- Hochladen: Hier können Sie ein gezipptes Theme, das Sie auf Ihrem Rechner gespeichert haben, installieren. Das ist z. B. der Fall, wenn Sie das Theme von einer Entwicklerseite herunter geladen haben.

- Empfohlen: Hier wird Ihnen eine Auswahl an Themes vorgestellt.

- Populär: Hier finden Sie die beliebtesten Plugins (nach Bewertung der Nutzer).

- Neueste: Hier werden neue Themes vorgestellt.

- Favoriten Plugin Installer: Wenn Sie bei WordPress.org registriert sind haben Sie die Möglichkeit Plugins zu "favorisieren". Die so gekennzeichneten "Lieblings-Plugins" werden dann hier angezeigt. (Neu seit WordPress 3.5)

In dem Bereich darunter können Sie gezielt nach einem Plugin suchen.

Im unteren Bereich sehen Sie eine Tagwolke, in der die beliebtesten Schlagwörter aufgelistet sind. Auch hier können Sie nach Plugins stöbern.

Unabhängig davon wie Sie ihr gewünschtes Plugin finden (gezielte Suche, Stöbern), so landen Sie auf einer Übersichtseite:

Abbidlung 2.2: Das gewünschte Plugin zur Installation auswählen

Hier finden Sie beim gewünschten Plugin die Links *Details* und *Jetzt installieren*.

Bei den *Details* finden Sie näherer Informationen zum Plugin (u. a. Screenshots, Changelog, FAQ), so wie Sie sich auch im offiziellen Verzeichnis finden. Der Link *Jetzt installieren* startet die Installationsroutine.

Für die Installation folgen Sie einfach den Anweisungen. Halten Sie Ihre Zugangsdaten zum FTP-Server (Hostname, Benutzername, Passwort) bereit, denn diese werden Sie höchst wahrscheinlich benötigen. Abhängig von Ihrem Server kann es aber auch sein, dass diese Zugangsdaten nicht abgefragt werden.

Am Ende des Installationsvorgangs müssen Sie das Plugin noch aktivieren, damit es einsatzbereit ist.

Installiere Plugin: wp-cleanumlauts2 1.5.0

Runterladen des Installationspakets von http://downloads.wordpress.org/plugin/wp-cleanumlauts2.zip…

Entpacken des Pakets…

Das Plugin wird installiert…

Das Plugins **wp-cleanumlauts2 1.5.0** wurde erfolgreich installiert.

Aktiviere dieses Plugin | Zurück zur Plugin-Installation

Abbildung 2.3: Ein Plugin aktivieren

Eine Übersicht über Ihre bereits installierten Plugins finden Sie beim Menüpunkt *Plugins / Installierte Plugins*. Hier haben Sie auch die Möglichkeit Plugins zu deaktivieren bzw. zu aktivieren und natürlich auch zu löschen.

Plugins halbautomatisch installieren

Nur halbautomatisch, aber nicht komplett manuell, erfolgt die Installation eines Plugins, das Sie als ZIP-Datei vorliegen haben. Beim Menüpunkt *Plugins / Installieren* wechseln Sie mit dem Link *Hochladen* in den Bereich, in dem Sie ein gezipptes Plugin hochladen können. Wählen Sie dann die Datei auf Ihrer Festplatte aus und die Installation erfolgt analog der vollautomatischen Installation eines Plugins.

Plugins manuell installieren

Falls die halbautomatische Installation eines gezippten Plugins nicht gelingen sollte, haben Sie noch den guten alten Weg der manuellen Installation.

Dafür müssen Sie das Plugin (entweder ein Ordner – nicht gezippt! – oder eine einzelne Datei (Lesen Sie hierzu die Anleitung des Plugin-Autors auf der begleitenden Website oder in der Datei *liesmich.txt* bzw. *readme.txt*) per FTP-Programm in den Ordner *wp-content/plugins* hochladen.

Nach dem Hochladen wechseln Sie zu dem Menüpunkt *Plugins / Installierte Plugins* und aktivieren dort das Plugin, indem Sie den Link *Aktivieren* anklicken.

2.1.2 Plugins updaten

Das Updaten von Plugins gestaltet sich genau so simpel wie die Installation. Falls Sie das Plugin aus dem offiziellen Verzeichnis installiert haben, so erhalten Sie im Backend von WordPress Nachricht darüber, wenn es eine aktuellere Version gibt.

Abbildung 2.4: Ein Plugin-Update ist verfügbar

Angezeigt bekommen Sie dies nämlich mit der Anzahl der verfügbaren Updates bei den Menüeinträgen *Dashboard / Aktualisierungen* und *Plugins*. Wo Sie das Update durchführen hängt von Ihnen ab. Im Bereich *Plugins / Installierte Plugins* anzeigen können Sie jedoch vor dem Update noch detaillierte Informationen über die Änderungen einsehen.

Abbildung 2.5: Ein Plugin aktualisieren

Zum Updaten klicken Sie einfach den Link *aktualisiere jetzt* an und folgen Sie den Anweisungen ähnlich wie bei der Installation.

Plugins, die sich nicht im offiziellen Verzeichnis befinden, müssen Sie manuell updaten. Konkret kommt dies in den meisten Fällen einer Neuinstallation gleich. Beachten Sie dafür bitte die Hinweise des Entwicklers.

2.1.3 Massenupdate von Plugins

Falls Sie mehrere Plugins updaten möchten, werden Sie sich über die Möglichkeit freuen, dies in einem Arbeitsschritt tun zu können.

43

Klicken Sie den Link *Aktualisierungen verfügbar* an, der sich oberhalb der Tabelle befindet, markieren Sie die Plugins, die Sie Updaten möchten und wählen Sie dann aus dem Drop-down-Feld *Aktion wählen* den Punkt *Aktualsieren*. Bestätigten Sie Ihre Auswahl mit einem Klick auf den Button *Übernehmen*.

Seit der Version 2.9 bietet Ihnen WordPress diese Möglichkeit auch unter dem Menüpunkt *Dashboard / Aktualisierungen*.

Wählen Sie auch hier einfach die Plugins aus, die Sie aktualisieren möchten und klicken Sie dann auf den Button "Plugins aktualisieren".

Mit der Checkbox im Tabellenkopf können Sie auch alle Plugins mit einem Klick auswählen.

Unter dem Menüpunkt *Plugins / Editor* können Sie auch den Code von Plugin-Dateien bearbeiten. Sollten Sie ein Plugin allerdings Updaten so werden Ihre Änderungen überschrieben.

2.2 Permalinks und deutsche Sonderzeichen

Nachdem Sie nun wissen wie man Plugins installiert, wenden wir uns einem Problem zu, das man am besten mit einem Plugin löst ;-)

Falls Sie sich für die "sprechenden URLs" entschieden haben und als Permalinkstruktur eine gewählt haben, die auch den Titel des Artikels beinhaltet, kommt es standardmäßig zu unschönen URLs, wenn die Titel Umlaute enthalten. WordPress kann nämlich nicht viel mit deutschen Umlauten und Sonderzeichen anfangen ... mit spanischen und französischen auch nicht, aber die lassen wir jetzt mal außen vor.

Wenn nun ein Artikel oder aber auch Seite verfasst wird, die "Schöne Grüße aus Köln" heißt, dann generiert WordPress daraus die folgende URL:

www.ihre-website.de/2012/01/schone-gruse-aus-koln/

Die Umlaute sind verschwunden. Aus "Schöne Grüße aus Köln" wurde "Schone Gruse aus Koln".

Ihnen stehen jetzt drei Möglichkeiten zur Verfügung:

1. Sie finden sich damit ab.

2. Sie oder der Autor bessert die Titelform und damit die URL manuell aus.

3. Sie installieren ein Plugin und lassen das System die Titelform automatisch für Sie ausbessern.

Ich würde Ihnen die dritte Option empfehlen.

Wie Sie ein Plugin installieren und wie Sie nach einem entsprechenden Plugin suchen können haben Sie ja im vorherigen Kapitel über Plugins gelesen. Um deutsche Umlaute zu "entschärfen" gibt es mehrere Plugins. Geben Sie als Suchwort einfach mal "Umlaute" ein. Ich persönlich nutze das Plugin *WP-CleanUmlauts2*[13].

Wenn Sie nun ein Plugin installiert und aktiviert haben, das sich um die Umlaute "kümmert", müssen Sie sich um die deutschen Sonderzeichen keine Sorgen mehr machen. Wenn Sie jetzt zum Beispiel einen Artikel mit dem Titel "Es war schön in Köln" schreiben, dann generiert WordPress mit Hilfe des Plugins folgende URL:

www.ihre-website.de/es-war-schoen-in-koeln/

Bedenken Sie aber, dass sich das Plugin nicht auf Permalinks von bereits verfassten Artikeln auswirkt, sondern nur bei Artikeln, die nach seiner Aktivierung erstellt werden.

Ein Plugin für die Umlaute sollte also mit das erste sein, was Sie

---

13   wordpress.org/extend/plugins/wp-cleanumlauts2/

installieren.

2.3 Spam bekämpfen

Ebenso wichtig und am besten schon vor dem Verfassen des ersten Artikels ist die Installation eines Plugins, das einem hilft das Spamaufkommen zu bekämpfen.

Jeder Blog, der Kommentare und/oder Trackbacks zulässt wird irgendwann zur Zielscheibe von Spammern. Je höher der Bekanntheitsgrad der Website, desto höher das Spamaufkommen, das abgewehrt werden muss.

Auch in diesem Bereich gibt es viele Plugins, die Ihnen helfen können – verhindern ist in diesem Fall leider nicht möglich. Im Folgenden möchte ich Ihnen eins vorstellen, das ich bei eigenen Projekten verwende.

Antispam Bee

Sie wundern Sich jetzt vielleicht warum ich Ihnen hier das Plugin Antispam Bee[14] vorstelle und nicht Akismet[15], ein sehr verbreitetes und schon installiertes (nicht aktiviert) Plugin für WordPress.

Das hat zwei Gründe: Zum einen ist Akismet für kommerzielle Websites nicht kostenlos, zum anderen hat es Anfang 2011 eine rege Debatte bzgl. des Datenschutzes[16] gegeben, so dass ich mich für die Nutzung von Antispam Bee entschieden habe.

Das Plugin Antispam Bee befindet sich im offiziellen Verzeichnis, kann also direkt im Backend von WordPress installiert wer-

---

14 wordpress.org/extend/plugins/antispam-bee/
15 wordpress.org/extend/plugins/akismet/
16 blog.wpde.org/2011/04/20/akismet-und-datenschutz-einwilligung-
    per-opt-in-notwendig.html

den.

Nach der Installation und Aktivierung finden Sie einen weiteren Menüpunkt bei den Einstellungen: *Antispam Bee*. Hier können Sie Ihre eigenen Einstellungen für die Funktionsweise des Plugins festlegen, z. B. verschiedene Filter für Länder und Sprachen einrichten etc. Mehr zu den Einstellungen und meine Empfehlungen können Sie meinem Beitrag "WordPress: Antispam Bee mit neuen Funktionen"[17] entnehmen.

Eine sehr ausführliche Anleitung und Erläuterung zur Wirkungsweise finden Sie auch auf der Seite des Entwicklers Sergej Müller[18].

2.4 Das Standard-Theme Twenty Twelve anpassen

Je nach dem welches Theme Sie nutzen gibt es unterschiedliche Möglichkeiten in der Anpassung. Manche Themes sehen es auch nicht vor, dass Anpassungen im Layout direkt im Backend gemacht werden können. Das derzeitige Standard-Theme Twenty Twelve[19] bietet Ihnen aber einige Möglichkeiten.

Sämtliche Einstellungsmöglichkeiten findet man unter dem Hauptmenüpunkt *Design*. Die wichtigsten Menüpunkte zum Individualisieren des Standard-Themes sind die folgenden:

- Widgets: Mit Hilfe von verschiedenen Widgets können Sie die Inhalte der Sidebar leicht steuern. Wie das geht wird hier erläutert.

- Menüs: Hier können Sie ein eigenes Menü zusammenstellen. Auf diese Funktionalität möchte ich im Folgen-

---

17 perun.net/2012/12/13/wordpress-antispam-bee-mit-neuen-funktionen/
18 playground.ebiene.de/antispam-bee-wordpress-plugin/
19 wordpress.org/extend/themes/twentytwelve

den näher eingehen.

- Kopfzeile: Hier können Sie ein Bild für den Kopfbereich der Website hochladen oder ein bereits vorhandenes auswählen. Sie können zudem festlegen, ob innerhalb der Kopfzeile Text (Blogtitel und Untertitel) angezeigt werden sollen und falls ja die Textfarbe festlegen.

- Hintergrund: Hier können Sie ein Bild und/oder eine Farbe für den Hintergrund der Website hochladen bzw. auswählen.

2.4.1 Ein eigenes Menü erstellen

Im Bereich *Design* / *Menüs* haben Sie die Möglichkeit entweder das bestehende Standardmenü zu ergänzen oder ein Menü zu erstellen, das das Standardmenü ersetzt. Dafür sind nur wenige Schritte notwendig:

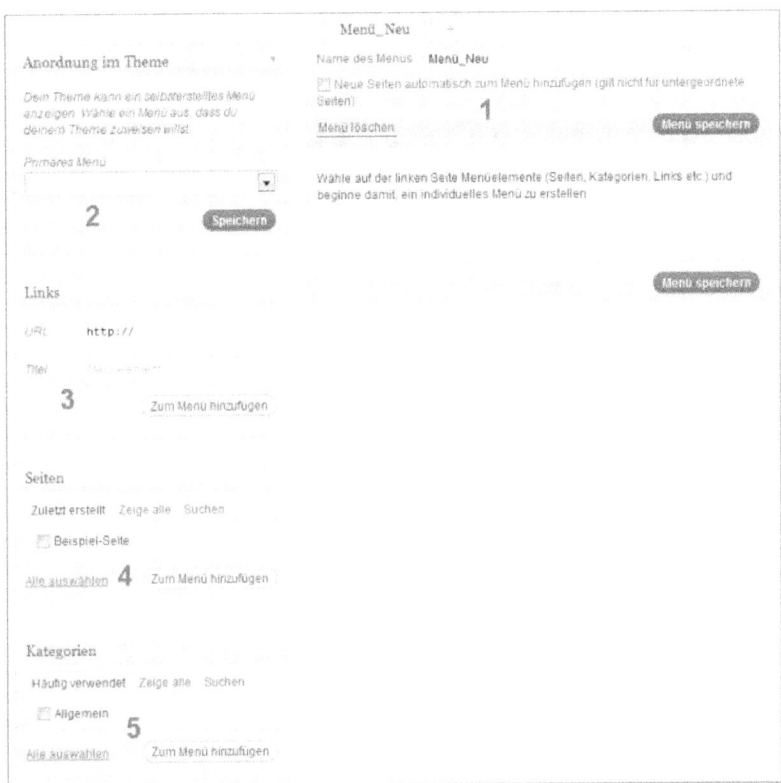

Abbildung 2.6: Ein eigenes Menü erstellen

1. Geben Sie Ihrem Neuen Menü einen Namen und Klicken Sie auf den Button "Menü erstellen". Sie können auch mehrere unterschiedliche Menüs erstellen.

2. Nun müssen Sie sich entscheiden, ob das neue Menü die horizontale Hauptnavigation im Kopfbereich der Website ersetzen soll oder nicht. Möchten Sie, dass das individuelle Menü die Hauptnavigation ersetzt, dann wählen Sie in der Liste Ihr Menü aus, andernfalls lasen Sie die Auswahlliste leer.

3. Danach können Sie aus verschiedenen Quellen – individuelle Links (3), Seiten (4) und Kategorien (5) – das Menü erstellen. Dafür müssen Sie lediglich auf den But-

ton "Zum Menü hinzufügen" klicken. Die einzelnen Menüpunkte können Sie dann durch Klicken und Ziehen ordnen und wenn gewünscht auch verschachteln, womit Sie die Möglichkeit haben, die einzelnen Menüpunkte hierarchisch zu ordnen.

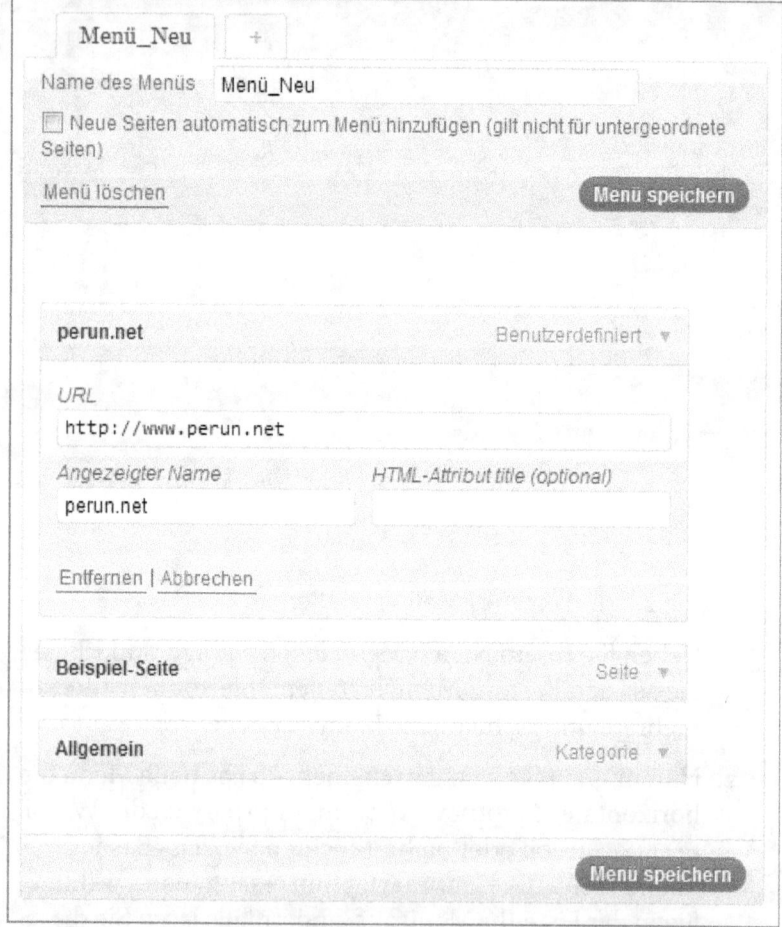

Abbildung 2.7: Ein individuell zusammengestelltes Menü

Vergessen Sie nicht zum Abschluss Ihr Menü zu speichern.

Falls Sie sich dafür entschieden haben die Hauptnavigation

nicht zu ersetzen, sondern das individuelle Menü in der Sidebar unterzubringen, dann können Sie dies mit Hilfe von Widgets realisieren.

Wie der Einsatz von Widgets genau funktioniert erfahren Sie im nächsten Abschnitt.

2.4.2 Widgets einsetzen

Diesen Bereich werden Sie in vielen Themes vorfinden, auch bei solchen, die ansonsten keinerlei Einstellungen zulassen. Der Widgetbereich ist nämlich der Bereich der Sidebar (Seitenbereiche) und/oder des Footers (Fußbereich), der mit verschiedenen Inhalten – manchmal auch durch Plugins – gefüllt werden kann.

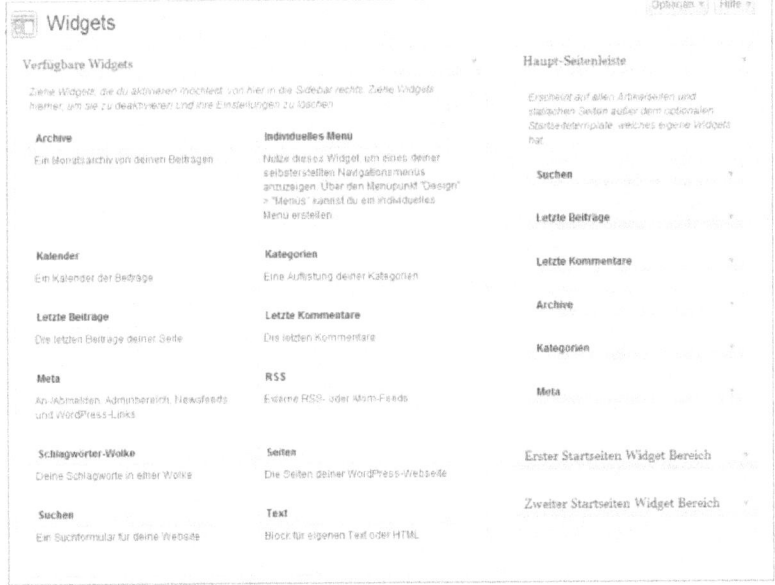

Abbildung 2.8: Widgets

Im Bereich *Design / Widgets* können Sie den Seiten- und Fußbereich Ihrer Website individuell mit Inhalten füllen.

Im linken Bereich finden Sie alle verfügbaren Widgets, im rechten Bereich die verfügbaren Bereiche. Per Drag & Drop können Sie nun Widgets in den gewünschten Bereich schieben. Standardmäßig schon vorhanden sind die Widgets *Suchen, Letzte Beiträge, Letzte Kommentare, Archive, Kategorien* und *Meta* im Bereich *Haupt-Seitenleiste*. Durch einen Klick auf auf die kleinen Pfeile öffnen sich die Optionseingabefelder für die einzelnen Widgets.

Möchten Sie ein Widget entfernen, so ziehen Sie es entweder in den Bereich "Verfügbare Widgets" oder – falls Sie seine Einstellungen behalten möchten – in den Bereich "Inaktive Widgets" im unteren Bereich der Seite.

Die zwei Widget-Bereiche *Erster Startseiten Widget Bereich* und *Zweiter Startseiten Widget Bereich* erscheinen im Fußbereich einer Seite, die als Template das *Startseiten-Template* zugewiesen bekommen hat.

Auf den folgenden Bildern sehen Sie einmal eine Word-Press-Installation ohne jegliche Änderungen am Design des Standard-Themes und ein angepasstes bzw. individualisiertes Standard-Theme:

Abbildung 2.9: WordPress: Standard-Installation

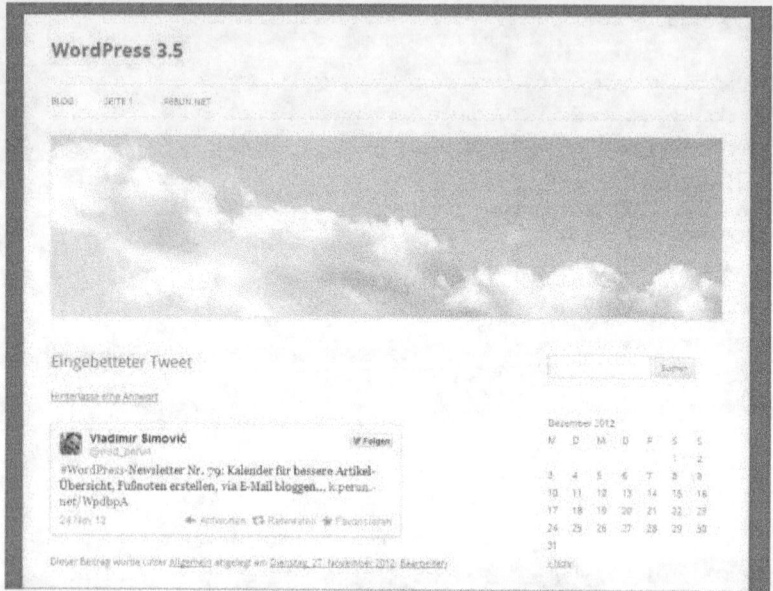

Abbildung 2.10: WordPress: angepasste Installation

Wenn Sie einer Seite das *Startseiten-Template* zuweisen, so erscheinen die eingefügten Widgets im Fußbereich der Seite.

Abbildung 2.11: WordPress: Startseiten-Template mit Widgets im Fußbereich

2.4.3 Anpassungen im Frontend mit Live-Vorschau

Einen Großteil der hier beschriebenen Anpassungen können Sie auch im Frontend vornehmen. Dabei haben Sie eine Live-Vorschau der Änderungen und sehen somit gleich wie sich Änderungen auswirken. Klicken Sie dafür im Frontend einfach auf den Menüpunkt *Anpassen*.

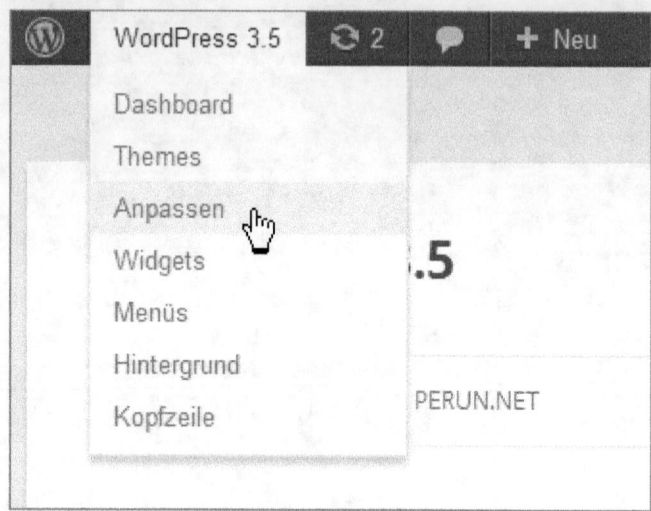

Abbildung 2.12: WordPress anpassen

Im linken Bereich des Browserfensters erscheinen darauf hin mehrere Menüpunkte, mit deren Hilfe Sie das Aussehen Ihrer Website live anpassen können.

Abbildung 2.13: WordPress live anpassen

Vergessen Sie nicht Änderungen auch zu speichern, damit Sie wirksam werden!

2.4.4 Editor

Ähnlich wie im Plugin-Bereich gibt es auch im Bereich *Design* den Menüpunkt *Editor*, in dem Sie Theme-Dateien direkt bearbeiten können. Denken Sie aber daran, dass Ihre Änderungen bei einem Update überschrieben werden.

2.5 Ein neues Theme installieren

Falls Ihnen die oben genannten Anpassungsmöglichkeiten nicht ausreichen, so haben Sie selbstverständlich die Möglichkeit ein eigenes bzw. ein anderes Theme zu nutzen. Im offiziellen Verzeichnis[20] findet man derzeit fast 1.690 Themes (Stand: Februar 2013), die man frei nutzen kann.

2.5.1 Theme automatisch installieren

Um ein Theme aus dem offiziellen Verzeichnis zu installieren, müssen Sie in den Menüpunkt *Design / Themes* wechseln. Dort befindet sich der Reiter *Themes installieren*, wo Sie nach einem Theme suchen können. Dabei steht es Ihnen frei nach den folgenden Gesichtspunkten zu suchen: Schlüsselwort (Begriff), Autor, Schlagwort. Oder Sie filtern die Themes nach bestimmten Funktionen: Farben, Spalten, Breite, Funktionen, Thema.

---

20 wordpress.org/extend/themes/

Abbildung 2.14: Nach einem Theme suchen

Haben Sie ein Theme gefunden, das Ihnen zusagt, so können Sie sich eine *Vorschau* anzeigen lassen. Hier sehen Sie einige Beispielbeiträge mit verschiedenen Formatierungen, so dass Sie sich einen Eindruck verschaffen können wie das ausgewählte Theme dann im Einsatz aussieht.

Wenn Sie ein Theme gefunden haben, das Ihren Vorstellungen entspricht, klicken Sie auf den Link *Jetzt installieren*.

Für die Installation müssen Sie nun Ihre FTP-Zugangsdaten angeben. Nach einer erfolgreichen Installation müssen Sie das neue Theme nur noch aktivieren.

In der Themes-Verwaltung können Sie dann sehen, dass Ihr aktuelles Theme sich geändert hat. Darunter sind die verfügbaren Themes gelistet, also alle Themes, die Sie installiert, aber nicht aktiviert haben.

Abbildung 2.15: Die Themes-Verwaltung

Seit der WordPress-Version 3.4 ist es sogar möglich bereits installierte Themes in einer *Live Vorschau* anzuschauen, die sich in einem die Möglichkeit gibt die Design-Einstellungen schon vor der Aktivierung eines Themes ausführlich auszuprobieren. So kann man sich schon vorher einen umfassenden Eindruck von einem Theme machen.

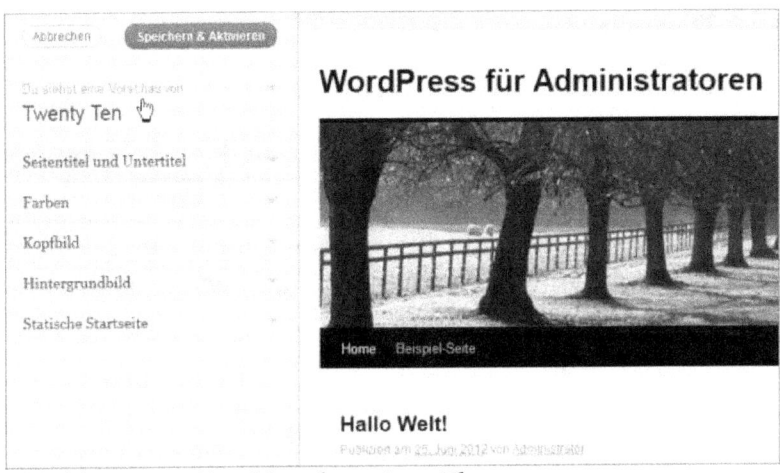

Abbildung 2.16 Live-Vorschau eines Themes

2.5.2 Theme halbautomatisch oder manuell installieren

Falls Sie im offiziellen Verzeichnis nichts gefunden haben was Ihren Vorstellungen entspricht, können Sie sich natürlich auch bei den Themeautoren direkt oder in anderen Verzeichnissen umschauen. Eine mögliche Anlaufstelle wären z. B. Premium WordPress-Themes[21]. Hier finden Sie eine Übersicht deutsch- und englischsprachiger Anbieter von WordPress Premium-Themes. Alle hier vorgestellten Anbieter von kostenpflichtigen Premium WordPress-Themes können wir empfehlen, weil wir mit ihnen positive Erfahrungen gemacht haben.

In jedem Fall laden Sie sich das gewünschte Theme herunter und installieren Sie es halbautomatisch oder manuell – so wie Sie es auch bei den Plugins kennengelernt haben: entweder durch das Hochladen einer Zip-Datei im Backend (Link *Hochladen* beim Menüpunkt *Design / Themes*, Reiter *Theme* installieren)oder durch den Upload einer entpackten Datei per FTP in den Ordner *wp-content/themes*.

---

21 perun.net/premium-wordpress-themes/

2.6 Benutzerverwaltung (Rechtemanagement)

Als Administrator wird es sicherlich auch zu Ihren Aufgaben gehören für die einzelnen Benutzer Konten anzulegen.

Das Redaktionssystem WordPress unterscheidet (in der Standard-Installation) fünf Benutzergruppen. In aufsteigender Reihenfolge sind dies die folgenden:

1. Während der **Abonnent** sich lediglich anmelden und sein eigenes Profil verwalten kann, hat er keinerlei inhaltlichen Einfluss auf den Blog. In manchen Blogs muss man jedoch Abonnent sein, um Beiträge kommentieren zu können.

2. Der **Mitarbeiter** kann lediglich Beiträge verfassen, diese aber nicht veröffentlichen.

3. Der **Autor** ist ein selbständiger Mitarbeiter, der eigene Beiträge (inklusive Bild-, Audio- und Videomaterial) verfassen und veröffentlichen kann. Kommentare, die seine eigenen Beiträge betreffen, kann er moderieren. Er nimmt somit eine wichtige Rolle bei der Beisteuerung von Inhalten wahr, ist aber kein Mitglied des administrativen Teams von Administrator und Redakteur. Der Autor kann keine Seiten erstellen und bearbeiten.

4. Der **Redakteur** ist der Stellvertreter des Administrators und hat somit sehr umfangreiche Rechte. Er kann Beiträge und Seiten verfassen und veröffentlichen. Er kann die Beiträge von Mitarbeitern veröffentlichen und auch die Beiträge von Autoren verändern. Der Redakteur kann alle abgegebenen Kommentare moderieren.

5. Der **Administrator** eines WordPress-Blogs kann alles, was auch Redakteure können. Zusätzlich dazu ist er der einzige, der das Aussehen und die Funktionalität des

Blogs (Design bzw. Themes, Plugins, Einstellungen etc.) beeinflussen kann.

Um neue Benutzer zu registrieren, müssen Sie in den Menüpunkt *Benutzer / Neu hinzufügen* wechseln.

Abbildung 2.17: Einen neuen Benutzer hinzufügen

Geben Sie dann die benötigten Daten ein, wählen Sie die "Rolle" und bestätigen Sie dann Ihre Angaben mit einem Klick auf den Button "Neuen Benutzer hinzufügen".

Eine sehr praktische Möglichkeit besteht darin, dass WordPress die Zugangsdaten eines Benutzers diesem direkt nach der Registrierung an die angegebene E-Mail-Adresse zusendet – vergessen

Sie also nicht diese Option zu aktivieren.

Als Administrator können Sie selbstverständlich auch jederzeit die Rechte der einzelnen Benutzer auf- und abwerten sowie die Angaben bearbeiten. Klicken Sie dafür beim Menüpunkt *Benutzer / Alle Benutzer* auf den verlinkten Benutzernamen bzw. den Link *Bearbeiten*, der erscheint, wenn Sie mit der Maus über den Benutzer fahren. Auf der damit aufgerufenen Seite haben Sie die Möglichkeit, die Angaben zum Benutzer (Ausnahme ist der Benutzername) zu ergänzen und seine Rolle zu ändern.

Wenn Sie lediglich die Rolle und damit die Rechte eines Benutzers ändern wollen, dann reicht es, im selben Menüpunkt zu bleiben, die Checkbox neben dem Benutzer zu aktivieren und unter *Rolle ändern in...* den gewünschten Status auszuwählen und dann auf *Wechseln* zu klicken.

Abbildung 2.18: Benutzerrechte (Rolle) ändern

Falls Sie ein Benutzerkonto löschen wollen, aktivieren Sie einfach in der Benutzerliste die entsprechende Checkbox, wählen

Sie aus dem Dropdownfeld *Aktion wählen* den Punkt *Löschen* und klicken Sie anschließend auf *Übernehmen.*

Anschließend müssen Sie noch entscheiden, was mit den Beiträgen des Benutzers geschehen soll. Sie können sie entweder auch löschen oder sie einem anderen Benutzer übertragen.

Abbildung 2.19: Ein Benutzerkonto löschen

3. Tipps & Tricks

3.1 Ein Backup erstellen

Eine der Pflichten eines Administrators ist es in regelmäßigen Abständen Backups, bzw. Sicherungskopien zu erstellen. Das ist zwar lästig und beansprucht etwas Zeit, aber mittlerweile ist es sehr einfach von einer WordPress-Installation ein Backup zu erstellen.

Dabei gibt es – wie fast überall – mehrere Wege, die zum Ziel führen können. Viele Nutzer bevorzugen das komplette Backup der MySQL-Datenbank und nutzen dafür zum Teil auotmatisierte Tools. Aber WordPress bringt auch zuverlässige Boardmittel mit, die in der Bedienung sehr einfach und effektiv sind.

Um ein Backup zu machen muss man sich zum Menüpunkt *Werkzeuge / Daten exportieren* begeben.

Daten exportieren

Hilfe ▼

Wenn du unten auf Export-Datei herunterladen klickst, wird WordPress eine XML-Datei für dich erstellen, die du auf deinem Computer speichern kannst.

Dieses Format, das wir "WordPress eXtended RSS" oder WXR nennen, beinhaltet deine Beiträge, Seiten, Kommentare, benutzerdefinierten Felder, Kategorien und Schlagwörter.

Nach dem Speichern der Datei kannst du die Importfunktion einer anderen WordPress Installation benutzen, um die Inhalte dieser Seite zu importieren.

Wähle, was du exportieren möchtest

◉ Alle Inhalte

Der Export enthält dann alle Beiträge, Seiten, Kommentare, Benutzerdefinierte Felder, Kategorien, Tags, Navigationsmenüs und benutzerdefinierte Inhaltstypen.

◉ Beiträge

◉ Seiten

[Export-Datei herunterladen]

Abbildung 3.1: Daten exportieren, um ein Backup zu erstellen

Bei dem Export-Vorgang werden alle Beiträge, Seiten, Kommentare, Benutzerdefinierte Felder, Kategorien, Tags, Navigationsmenüs und benutzerdefinierte Inhaltstypen in einer Textdatei im xml-Format gespeichert.

Möchte man nicht alle Inhalte, sondern nur *Beiträge* exportieren, kann man diese noch filtern nach Kategorie, Autor, Zeitraum und Status. Es ist also möglich nur die Beiträge von Autor XY aus dem Jahr 2012 zu exportieren, um Sie evtl. in einem anderen Blog zu importieren o. ä.

Wählt man die Option *Seiten*, kann man auch hier nach Autor, Zeitraum und Status selektieren.

Für ein "übliches" Backup empfiehlt sich natürlich immer die Option *Alle Inhalte*.

Bestätigen Sie Ihre Auswahl einfach mit einem Klick auf den Button "Export-Datei herunterladen".

Sollte jetzt der Fall eintreten, dass Sie das Backup benötigen, müssen Sie diese Datei einfach importieren.

Die Importfunktion finden Sie im Menüpunkt *Werkzeuge / Daten importieren*.

Abbildung 3.2: Daten importieren

Leider ist die Importfunktion standardmäßig nicht Bestandteil einer WordPress-Installation und man muss erst ein dafür benötigtes Plugin installieren. Das ist aber in weniger als 1 Minute erledigt und erfolgt natürlich auch nur ein Mal. Direkt im Anschluss erfolgt dann der Import der gewünschten Daten.

3.2 Mit WordPress umziehen

Beim Umzug einer Website bestehen grundsätzlich zwei (Haupt-)Möglichkeiten. Entweder man zieht mit der gleichen Domain auf einen anderen Server bzw. zu einem anderen Anbieter um oder man zieht mit seinem Projekt auf eine andere Domain um.

Je nach dem um welchen Fall es sich handelt, müssen Sie unterschiedlich vorgehen.

3.2.1 Umzug mit gleicher Domain

Für den Umzug auf einen anderen Server müssen Sie alle Inhalte als Backup speichern aber auch alle Dateien des Ordners *wp-content*, denn hier befinden Sich ja z. B. alle Plugins, Themes und Uploads.

Installieren Sie danach WordPress auf dem neuen Server und überschreiben Sie den *wp-content*-Ordner mit ihrer Sicherheitskopie. Laden Sie außerdem ihre Backup-Datei über *Werkzeuge / Daten importieren* hoch.

Achten Sie bitte bei diesem Schritt darauf, dass der Ordner *wp-content/uploads/* beschreibbar ist.

Beim Upload der Datei werden Sie gefragt wie mit den Inhalten verschiedener Autoren verfahren werden soll. Dabei haben Sie drei Möglichkeiten:

1. Sie importieren den "kompletten" Benutzer, inkl. Rolle und Beiträge.

2. Sie importieren die Inhalte und weisen Sie einem neuen Benutzer zu.

3. Sie importieren die Inhalte und weisen Sie einem bereits bestehenden Nutzer zu.

Zusätzlich dazu können Sie hier auch Anhänge der Beiträge und Seiten, also Bilder und andere Dateien mit hoch laden. Hierbei holt sich ein Skript die Dokumente vom ursprünglichen Server und lädt sie auf den neuen hoch. Da wir in einem vorherigen Schritt jedoch die Bilder und Dateien, die sich im Ordner *wp-content/uploads* befinden schon selber auf den neuen Server hochgeladen haben und sich auch die Pfade (gleiche Domain) nicht ändern, kann man diesen Arbeitsschritt überspringen.

Nach dem Import-Vorgang gilt es noch die Einstellungen (z. B. Permalinks, Plugins etc.) anzupassen.

3.2.2 Umzug auf eine andere Domain

Falls Sie mit ihrem Projekt auf eine andere Domain umziehen möchten unterscheidet sich der vorhin beschriebenen Umzug mit der gleichen Domain lediglich in der Tatsache, dass man die die Export-Datei, bevor man sie im neuen Weblog importiert, kurz mit einem Texteditor bearbeitet.

Dabei müssen Sie alle Einträge *www.alte-url.de* durch zum Beispiel *www.neue-url.de* ersetzen. Warum machen wir das? Word-Press speichert alle internen Verweise innerhalb des Blogs – egal ob auf Beiträge oder z. B. Bilder – als absolute Pfade. Die Bilder und anderen Dokumente kann man innerhalb des Import-Vorgangs auf den neuen Server hochladen, aber die internen Verlinkungen auf die anderen Beiträge bleiben leider mit der alten Domain bestehen.

Durch die Bearbeitung im Texteditor spendieren wir allen internen Verlinkungen die neue Domain und dadurch sparen Sie sich auch das *Anhänge importieren*, was je nach Anzahl und Größe der Anhänge sehr lange dauern kann. Anschließend gilt es dieselben Einstellungen zu tätigen bzw. nachzuholen wie wenn man mit der gleichen Domain umzieht (Permalinks, Plugins etc.).

3.3 WordPress updaten (automatisch und manuell)

Wenn es ein Update für Ihre WordPress-Installation gibt, werden Sie darüber automatisch im Backend von WordPress informiert. Eine Meldung im Kopfbereich fordert Sie zum Update auf.

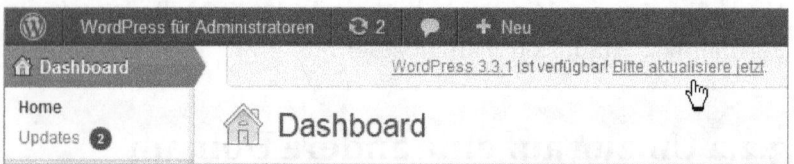

Abbildung 3.3: Eine aktuellere WordPress-Version ist verfügbar

Zum Updaten klicken Sie einfach den Link *Bitte aktualisiere jetzt.* oder Sie gehen den Weg über das Menü *Dashboard / Updates* bzw. *Dashboard / Aktualisierungen*.

Die verlinkte Version führt übrigens zum Codex von WordPress[22] und dort zur Seite über die aktuelle Version.

Im Update-Bereich haben Sie nun mehrere Möglichkeiten:

1. Die aktuelle Version automatisch updaten bzw. aktualisieren.

2. Das Programmpaket der aktuellen Version herunterladen.

3. Die Benachrichtigung über das Update ausblenden.

---

22 http://codex.wordpress.org/

Abbildung 3.4: WordPress aktualisieren

3.3.1 WordPress automatisch updaten

Die naheliegendste Wahl ist es *Aktualisiere jetzt* zu wählen.

Dies führt Sie dann zu einem völlig unkomplizierten Update-Prozess, so wie Sie Ihn auch schon vom Update von Plugins und Themes kennen.

Achtung! Bevor Sie Ihre WordPress-Installation updaten denken Sie daran Ihre Daten zu sichern.

3.3.2 WordPress manuell updaten

Wenn Sie sich dafür entscheiden lediglich das Programmpaket herunterzuladen müssen Sie das Update manuell/halbautomatisch vornehmen. Für diese Entscheidung kann es mehrere Gründe geben:

1. Zum einen könnte es sein, dass der Hoster durch bestimmte Server-Einstellungen die automatische Update-Funktion blockiert.

2. Zum anderen könnte es sein, dass Sie eine ältere Word-Press-Installation (vor 2.7) aktualisieren müssen. Dabei kann es vorkommen, dass das automatische Update fehlschlägt.

3. Und zudem könnte es sein, dass Sie zu den Leuten gehören, die der Update-Funktion nicht wirklich trauen.

Aus welchen Gründen auch immer Sie sich also für ein manuelles Update entscheiden. Sie sollten wie folgt vorgehen:

1. Erstellen Sie ein Backup von den Dateien und dem Inhalt. Wer auf Nummer Sicher gehen will, macht natürlich auch einen Backup der Datenbank.

2. Deaktivieren Sie alle Plugins.

3. Löschen Sie alle WordPress-Dateien mit folgenden Ausnahmen: *wp-config.php* und *.htaccess-Datei*. Selbstverständlich muss man auch das eigene Theme und die Uploads im *wp-content-Ordner* belassen – also nicht löschen!

4. Laden Sie das neue WordPress-Paket per FTP auf Ihren Server hoch.

5. Rufen Sie im Browser die Update-Routine auf .../*wp-admin/upgrade.php*

6. Fertig: nun reaktivieren Sie Ihre Plugins. Prüfen, ob es in der Konfigurationsdatei, die Sie ja als *wp-config-sample.-php* vorliegen haben, Aktualisierungen gab und übertragen Sie diese in Ihre bestehende *wp-config.php*.

Dies ist zugegebener Maßen eine sehr ausführliche Vorgehensweise, aber sie ist sicher.

Aus Erfahrung und aus der Beobachtung des offiziellen Forums in der Vergangenheit, weiß ich, dass ab und an Update-Probleme auftreten können, wenn man die Plugins nicht deaktiviert oder alte Dateien nicht löscht. Also lieber beim Update 3-5 Minuten mehr Zeit beim manuellen Update investieren, als nachher 30-45 Minuten bei der Fehlersuche zu verschwenden.

Falls es sich allerdings um ein kleineres Update handelt, das lediglich Fehlfunktionen und Sicherheitslücken ausbügelt und keine Änderungen an der Datenbank vornimmt (z. B. von 3.3.1 auf 3.3.2), dann kann man sich die obere Vorgehensweise getrost sparen und einfach das neue Paket via FTP über das alte "drüberbügeln".

Da es sich bei Ihrer WordPress-Installation um eine deutsche Version handelt bekommen Sie außerdem noch die Möglichkeit geboten Ihre Version auf die englische zu updaten. Das ist in der Regel jedoch nicht sinnvoll.

Nach einem Update werden einem übrigens seit der Version 3.3 die Neuerungen, die es gibt mit kleinen Hinweisen im Backend angezeigt.

3.4 WordPress sicherer machen

Auf einige Aspekte zur Erhöhung der Sicherheit Ihrer WordPress-Installation sind wir schon zu sprechen gekommen. An dieser Stelle möchte ich allerdings noch einmal alles gesammelt vorstellen und noch ein paar zusätzliche Tipps geben.

3.4.1 Datenbankpräfix ändern

Bereits im Kapitel 1 beim Installationsvorgang habe ich darauf hingewiesen, dass es sicherer ist das Standard-Präfix für die Datenbank-Tabellen (`wp_`) in einen individuellen Wert (z. B. `mein_blog_`) zu ändern. Bei einer bestehenden Installation empfiehlt sich diese Änderung nur für Nutzer die sich mit MyS-

QL sehr gut auskennen.

3.4.2 Nutzername und Passwort absichern

Achten Sie bei der Wahl des Nutzernamens darauf diesen nicht beim Standard *admin* zu belassen und wählen Sie ein sicheres bzw. starkes Passwort. Passwörter sollten mindestens 8 Zeichen lang sein und sowohl die Groß- und Kleinschreibung, Ziffern und Symbole wie ! " ? $ % ^ &) nutzen.

3.4.3 Automatische User-Registrierung deaktiviert lassen

Unter *Einstellungen / Allgemein* im Backend haben Sie die Möglichkeit, die Funktion *Jeder kann sich registrieren* zu aktivieren. Dadurch ermöglichen Sie den Besuchern Ihrer Word-Press-Installation sich selbständig als Abonnent (registrierter Leser) zu registrieren. Leider war diese Funktion in der Vergangenheit ein paar Mal das Ziel von Angriffen, so dass ich Ihnen empfehlen würde, die automatische Registrierung deaktiviert zu lassen.

3.4.4 Mit Limit Login Attempts Login-Versuche beschränken

Mit dem Plugin *Limit Login Attempts*[23] können Sie die Login-Versuche für den Admin-Bereich beschränken und dabei auch verschleiern lassen, ob der Nutzername oder das Passwort falsch waren.

---

23 wordpress.org/extend/plugins/limit-login-attempts/

Einstellungen

Sperrung	4	erlaubte Anmeldeversuche
	20	Minuten Sperrung nach Überschreiten der zulässigen Anmeldeversuche
	4	Sperrungen erhöhen die insgesamte Sperrzeit um 24 Stunden
	12	Stunden bis fehlgeschlagene Anmeldeversuche zurückgesetzt werden
Verbindungsweg zu dieser Webseite		Der Zugriff auf diese Webseite erfolgt auf direktem Weg (von Ihrer IP ▓▓▓▓▓). ⦿ Direkte Verbindung ○ Über einen Reverse Proxy Server
Anmeldungen via Cookies berücksichtigen		⦿ Ja ○ Nein
Benachrichtigung im Falle einer Sperrung		☑ IP protokollieren ☐ Email an den Administrator nach 4 Sperrungen

Abbildung 3.5: Einstellungsmöglichkeiten des Plugins Limit Login Attempts

Mit der Aktivierung dieses Plugins steigern Sie die Sicherheit Ihrer WordPress-Installation um ein Vielfaches, da dadurch die automatischen Angriffe (engl. Brute Force[24]) extrem verlangsamt werden.

Weitere Tipps wie man seine WordPress-Installation absichern kann liefert der Kollege Sergej Müller[25].

3.5 Die Performance optimieren

Im folgenden gibt es ein paar Tipps, mit denen man die Performance seiner WordPress-Website verbessern kann. Klar, dass sind einige und nicht alle Tipps. Aber auch hier gilt die 80:20-Regel[26]: mit 20% der Maßnahmen erreicht man 80% der Effekte. In diesem Abschnitt geht es um Maßnahmen, die auch ein weniger erfahrener Nutzer umsetzen kann und die dennoch eine hohe Wirkung entfalten können.

---

24 de.wikipedia.org/wiki/Brute-Force-Methode
25 playground.ebiene.de/954/adminbereich-in-wordpress-schuetzen/
26 de.wikipedia.org/wiki/Paretoprinzip

3.5.1 Bilder und Videos im Inhalt

Logisch, ein guter Beitrag beinhaltet nach Möglichkeit aussage-kräftige Bilder und falls vorhanden auch Videos bzw. Screen-casts. Das hilft dem Leser und wird auch von den Suchmaschi-nen honoriert. Hierbei verbirgt sich ein hohes Optimierungspo-tential und hier kann auch ein Nutzer der keine Admin-Rechte hat mithelfen.

Im Beitrag "Die großen Performance-Bremsen im Frontend 2"[27] habe ich ausführlich erklärt, wie man die Bilder in Beiträgen op-timieren kann und worauf man achten sollte. Im Prinzip sollte man das passende Format wählen, in der Regel PNG vs. JPG, ab-wägen zwischen einer verkleinerten Gesamtgrafik oder einem Ausschnitt und auf einen vernünftigen Bildoptimierer zurück-greifen. Es muss nicht immer Photoshop sein. Auch Freeware wie IrfanView[28] & Co. liefern sehr gute Ergebnisse.

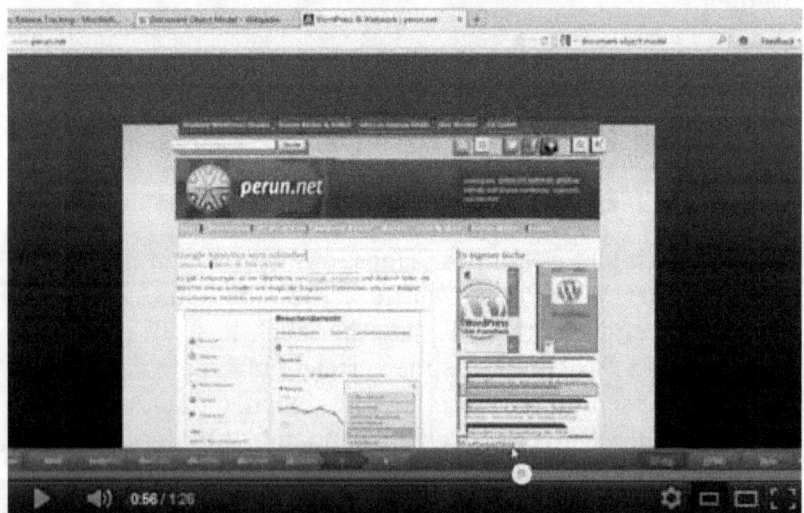

Abbildung 3.6: Vorschau-Bild anstatt Video-iframe

---

27 perun.net/2010/06/30/die-grossen-performance-bremsen-im-
   frontend-2-2/
28 perun.net/2012/01/01/irfanview-4-32/

Videos kann man auf zwei Wegen sparsamer einbinden. Entweder indem man auf das Plugin *WP YouTube Lyte*[29] zurückgreift – hier wird ein Vorschaubild eingebunden und erst auf den zweiten Klick das Video abgespielt – oder in dem man manuell ein Screenshot des abspielenden Videos erstellt und im Beitrag einbindet und auf das Video verlinkt. So habe ich das in der Abbildung oberhalb dieses Absatzes gemacht.

3.5.2 Template-Dateien ausmisten

Auch im Theme und bei den einzelnen Template-Dateien kann man einiges erreichen. Als erstes sollte man schauen, dass man auf die CSS-Datei per `link` und nicht per `@import` verweist. Die `link`-Lösung ist performanter[30].

Nicht mehr benötigte CSS-Regeln sollte man entfernen. Hierbei kann das Tool CSS Usage[31] helfen. Darüber hinaus sollte man schauen, ob man die Regeln in Kurzschreibweise notieren kann. Aus...

```
.inhalt {
    font-weight: bold;
    font-size: 1.2em;
    font-family: verdana, sans-serif;
    margin-top: 10px;
    margin-right: 12px;
    margin-bottom: 15px;
    margin-left: 5px;
    color: #333333;
}
```

... wird dann folgendes...

29 perun.net/2011/12/28/wordpress-youtube-videos-sparsam-einbinden/
30 stevesouders.com/blog/2009/04/09/dont-use-import/
31 perun.net/2012/01/20/css-usage-welche-css-regeln-sind-im-einsatz/

```css
.inhalt {
    font: bold 1.2em verdana, sans-serif;
    margin: 10px 12px 15px 5px;
    color: #333;
}
```

Man kann auch die gleichen Deklarationen zusammenfassen. Aus...

```css
.sidebar {
    padding: 1em;
    margin-top: 2em;
    font-size: 14px;
}

.zusatz-sidebar {
    padding: 1em;
    margin-top: 2em;
    font-size: 14px;
}
```

... wird dann...

```css
.sidebar, .zusatz-sidebar {
    padding: 1em;
    margin-top: 2em;
    font-size: 14px;
}
```

Gibt es in der *functions.php* und der *.htaccess* Anweisungen, die nicht mehr notwendig sind? Dann raus damit ... evtl. in eine Textdatei, die als Archiv für schon mal benutze Code-Fragmente dient.

3.5.3 Vernünftiger Umgang mit Plugins und Social-Dingens

Generell sollte man bei der Einbindung von Plugins sparsam vorgehen und sich kritisch hinterfragen: Brauche ich das Plugin wirklich? Und falls ja: gibt es sparsamere Alternativen?

Manche Plugins, wie das *Get Recent Comments*[32] cachen die Ausgabe und davon sollte man auf jeden Fall Gebrauch machen. Im Beitrag "Welches Plugin bremst die Seite aus?"[33] habe ich P3 (Plugin Performance Profiler) vorgestellt. Dieses Plugin zeigt auf welche Plugins, die meisten Ressourcen beanspruchen.

Abbildung 3.7: Wie sich Performance einer Website verbessern kann wenn man die Social-Buttons entfernt

In den beiden Beiträgen "Performance Optimierung: dynamische vs. statische Buttons, was sagt Google dazu?"[34] und "Facebok: Like-Box entfernen & Website beschleunigen"[35] habe ich gezeigt, wie sich die Einbindung von den sozialen Netzwerken bzw. Social-Buttons auf die Performance der Website auswirken kann.

Durch die Einbindung von zusätzlichen Javascripten, CSS,

---

32 wordpress.org/extend/plugins/get-recent-comments/

33 perun.net/2012/02/17/wordpress-welches-plugin-bremst-die-seite-aus/

34 perun.net/2012/02/06/performance-optimierung-dynamische-vs-statische-buttons-was-sagt-google-dazu/

35 perun.net/2011/08/26/facebook-like-box-entfernen-website-beschleunigen/

Grafiken und iframes haben diese Dienste ein hohes Potential um die Website auszbremsen. Hier muss jeder Webmaster für sich selber entscheiden: ist ihm die Performance oder die zusätzliche soziale Reichweite wichtiger.

3.5.4 Komprimieren und besser Cachen

Auf Ihrem Server läuft Apache 2 und Sie haben Zugriff auf die *.htaccess*? Dann einfach folgenden Code-Fragment in die Datei eintragen:

```
# mod_deflate (gzip) aktivieren
<FilesMatch "\\.(js|css|html|htm|php|xml)$">
SetOutputFilter DEFLATE
</FilesMatch>

# ExpiresHeader: verhindert bedingte GET-
Anfragen
<IfModule mod_expires.c>
ExpiresActive on
ExpiresDefault "access plus 35 days"
</IfModule>
```

Der erste Block aktiviert auf dem Apache 2 die Komprimierung (gzip) und es werden alle relevanten Textdateien komprimiert. Grafiken muss man hier nicht aufnehmen, da man diese ja schon mit einem vernünftigen Grafikprogramm komprimiert hat ... das würde nur unnötig den Server belasten.

Der zweite Block verpasst den Dateien im Cache eine zusätzliche Information, so dass der Server die Dateien aus dem Cache direkt lädt ohne noch einmal mit dem Server zu kommunizieren. Siehe auch "WordPress-Websites beschleunigen 4: ein Zwischenergebnis"[36].

---

36 perun.net/2009/06/06/wordpress-websites-beschleuinigen-4-ein-
    zwischenergebnis/

3.5.5 Helfende Plugins

Nach dem Sie die oberen Maßnahmen schon umgesetzt haben, können Sie eines der vielen Caching-Plugins installieren. Ich persönlich bevorzuge *Hyper Cache*[37] für meine Projekte und finde das neue *Cachify* von Sergej Müller[38] empfehlenswert. Beide sind recht schlank gehalten im Gegensatz zu so Optionsmonstern wie es *W3-Cache* oder *WP-Super-Cache* sind.

3.5.6 Fazit zum Thema Performance

Sicherlich, es gibt noch einige weitere Maßnahmen, die man auf dem Server oder in der Datenbank durchführen kann. Viele haben aber hierbei kaum Einfluss, da nur wenige einen eigenen Server haben und vor allem eignen sich diese Maßnahmen nur für sehr erfahrene Nutzer.

Es gibt allerdings eine Reihe von Tools, die einem hilfreich zu Seite stehen: GTmetrix[39], Page Speed Online[40], Firebug[41], YSlow[42] und Pingdom[43]. Die zeigen Ihnen nicht nur die Werte sondern geben, wie z. B. YSlow und Page Speed, auch **nützliche Tipps**.

Allerdings muss man bei diesen Tipps ebenfalls Augenmaß behalten und schauen welche Tipps für einen persönlich sinnvoll sind und welche Sie leicht umsetzen können. Diese Tools meckern häufig über nicht gezippte oder schlecht gecachte Javascripte ... handelt es sich um Scripte von externen Diensten (z. B.

37 wordpress.org/extend/plugins/hyper-cache/
38 perun.net/2012/03/07/wordpress-performance-optimierung-mit-cachify-2-0/
39 perun.net/2012/02/23/performance-messung-mit-gtmetrix/
40 perun.net/2011/09/10/page-speed-online-von-google/
41 perun.net/2011/08/21/performance-der-website-mit-netzwerk-im-browser-messen/
42 developer.yahoo.com/yslow/
43 tools.pingdom.com/fpt/

Google Analytics), dann hat man eben keinen Einfluss darauf.

Ebenfalls wird recht schnell empfohlen, dass man die statischen Komponenten, wie z. B. Grafiken und CSS auf einen sog. CDN[44] auslagert, damit so viele Komponenten wie möglich parallel geladen werden. Diese Auslagerung lohnt sich auf jeden Fall für sehr große Seiten, wie es Amazon, Spiegel.de & Co. sind.

Ich habe drei Versuche unternommen und habe Komponenten von unseren Projekten auf eine andere Domain ausgelagert und die Performance-Gewinne waren minimal und standen in keinem Verhältnis zu der zusätzlichen Verwaltung.

---

44 de.wikipedia.org/wiki/Content_Distribution_Network

4. Nützliche Plugins

In den vorherigen Kapiteln haben Sie bereits einige nützliche Plugins für WordPress kennen gelernt. In diesem Kapitel werden sie einige weitere Plugins kennen lernen, die Ihnen als Administrator hilfreich zu Seite stehen.

4.1 Plugins und Sicherheit

Plugins sollte man generell nur mit Bedacht einsetzen und nicht nach dem Motto "Viel hilft viel." Das hat zwei Gründe:

1. Je mehr Plugins Sie einsetzen, desto höher ist die Wahrscheinlichkeit, das sich diese untereinander in die Quere kommen und/oder das System verlangsamen.

2. Die allermeisten Plugins stammen von "Drittanbietern". Viele dieser Autoren sind erfahrene Programmierer, aber da es vergleichsweise einfach ist, ein WordPress-Plugin zu entwickeln, erstellen auch viele ambitionierte Feierabend-Programmierer die Erweiterungen und hierbei entsteht ein mögliches Sicherheitsrisiko. Es ist nämlich eine Sache, eine Funktion zu skripten, es ist aber eine ganz andere Sache, dies auch sicher zu machen.

Achten Sie also darauf nur Plugins einzusetzen, die Sie wirklich nutzen und nehmen Sie – wenn irgend möglich – ein Plugin aus dem offiziellen Verzeichnis. Hier muss sich der Autor registrieren, das Plugin hochladen und der Code ist nun für jeden, der sich auf der offiziellen Seite befindet, sichtbar. Ist irgendetwas an dem Plugin bzw. seinem Code nicht in Ordnung, dann wird das früher oder später jemandem aus der großen Community auffallen.

Die Anzahl der Downloads, die Anzahl und die Qualität der Bewertungen geben Ihnen zusätzliche Anhaltspunkte. Flankiert wird dies dadurch, dass man auf der Übersichtsseite des jeweiligen Plugins die letzten zehn Forenbeiträge sehen kann, die sich auf diese Erweiterung beziehen. So kann man auf eventuelle Fehler in der Erweiterung aufmerksam werden.

4.2 WP-CleanUmlauts2

Ich hatte Ihnen das Plugin *WP-CleanUmlauts2*[45] schon im Kapitel Permalinks und deutsche Sonderzeichen empfohlen, um die Umlaute zu entschärfen – obwohl Sie selbstverständlich auch ein anderes Plugin dafür nutzen können.

Nach der Installation finden Sie den zusätzlichen Menüpunkt *Einstellungen / Umlaute*.

WP-CleanUmlauts2 1.5.0 (Build 2)

Einstellungen

Wählen Sie, wo Umlaute umgewandelt werden sollen.

Permalinks umwandeln
ä->ae ... ß->ss   ☑

Feeds umwandeln
ä->ä ... ß->ß   ☐

Post/Nachrichten umwandeln
ä->ä ... ß->ß   ☐

Kommentare umwandeln
ä->ä ... ß->ß   ☐

---

45   wordpress.org/extend/plugins/wp-cleanumlauts2/

Abbildung 4.1: Das Plugin WP-CleanUmlauts2 im Einsatz

Hier können Sie einstellen wo überall die Umlaute umgewandelt, also entschärft werden sollen. Standardmäßig reicht es aber nur die Umlaute in den Permalinks umwandeln zu lassen.

Falls die Inhalte der WordPress-Installation auch in anderen Sprachen mit Umlauten verfasst werden, könnte vielleicht das Plugin *Transliterado*[46] für Sie interessant sein. Es entschärft nämlich auch Sonderzeichen aus den Sprachen Esperanto, Schwedisch, Finnisch, Dänisch, Norwegisch, Russisch und Bulgarisch.

4.3 Limit Login Attempts

Das Plugin *Limit Login Attempts*[47] haben Sie bereits im vorherigen Kapitel kennengelernt. Mit dieser Erweiterung sichern Sie Ihre WordPress-Installation ab, indem Sie die Anzahl der erfolglosen Login-Versuche in einem bestimmten Zeitraum begrenzen.

4.4 CMS Page Order

Das Plugin *CMS Page Order*[48] bietet sich insbesondere dann an, wenn es sich bei Ihrer WordPress-Installation um eine Website mit vielen Seiten – womöglich noch verschachtelt – handelt.

Standardmäßig legt man die Reihenfolge der Seiten im Modul *Attribute* fest.

---

46 wordpress.org/extend/plugins/transliterado/
47 wordpress.org/extend/plugins/limit-login-attempts/
48 wordpress.org/extend/plugins/cms-page-order/

Abbildung 4.2: Die Reihenfolge von Seiten festlegen

Dabei nummeriert man die Seiten in absteigender Reihenfolge, d.h. die Seite, die an erster Stelle auftauchen soll erhält die Nummer 0, die Seite an zweiter Stelle die Nummer 1, die Seite an dritter Stelle die Nummer 2 usw. In der Praxis empfiehlt es sich bei der Nummerierung einen "Puffer" einzubauen, d. h. die erste Seite mit 5 zu nummerieren, die zweite Seite mit 10, die dritte Seite mit 15 usw. So kann man auch später noch Seiten einfügen, z. B. eine neue Seite Zwei mit der Nummer 7.

Diese Nummerierung nimmt man im Idealfall vor, wenn man die Seiten anlegt. Im Modul *Attribute* (siehe Abbildung) gibt man dafür einfach die Nummer ein. Möchte man die Reihenfolge im Nachhinein bearbeiten oder sogar ändern empfiehlt es sich dies in der Seitenübersicht (*Seiten / Alle Seiten*)über das QuickEdit-Menü zu machen.

Das QuickEdit-Menü findet man, wenn man mit der Maus über eine Seite fährt und dann den entsprechenden Link anklickt.

📄 **Seiten** Erstellen

Alle (6) | Veröffentlichte (6)

| Aktion wählen ▼ | Übernehmen | Jedes Datum ▼ |

☐ Titel

☐ Beispiel-Seite

☐ Blog

☐ Impressum

☐ Linkempfehlungen
Bearbeiten | QuickEdit | Papierkorb | Ansehen

☐ Über mich   Dieses Element direkt mit QuickEdit bearbeiten

☐ — Referenzen

Abbildung 4.3: QuickEdit aufrufen

Auch hier findet man dann ein Feld, in dem man die Nummer der Reihenfolge eintragen kann:

Abbildung 4.4: Die Reihenfolge im QuickEdit-Menü ändern

Vergessen Sie nach einer Änderung der Angaben nicht diese auch zu speichern.

Sie erkennen das Problem? Je nach dem wie umfangreich Ihre Website ist kann das ganz schön mühsam werden, insbesondere dann wenn Sie viele Änderungen vornehmen müssen. Es empfiehlt sich also in so einem Fall auf eine Plugin zurückzugreifen, wie z. B. *CMS Page Order.*

Ist das Plugin aktiviert findet man beim Menüpunkt *Seiten* den neuen Unterpunkt *Page Order.* Hier sind alle vorhandenen Seiten aufgelistet und man kann sie nun per einfachem Drag & Drop (Klicken & Ziehen)in die gewünschte Reihenfolge bringen, auch das Verschachteln funktioniert nach dem gleichen Prinzip. Zusätzlich dazu findet man Direktlinks um eine bestimmte Seite zu bearbeiten, sie sich anzuschauen oder aber auch sie zu löschen.

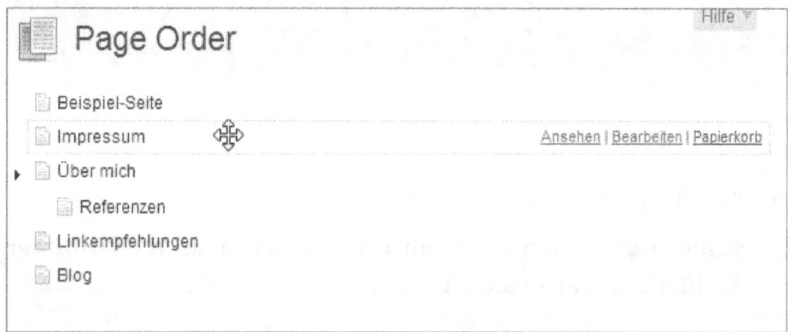

Abbildung 4.6: Seiten mit Hilfe eines Plugins sortieren

Auch für diese Arbeit werden sie einige Plugins im offiziellen Verzeichnis von WordPress finden. Schauen Sie sich das Angebot in Ruhe an und wählen Sie dann das Plugin, das Ihnen am meisten zusagt.

4.5 AddQuicktag

Das Plugin *AddQuicktag*[49] eignet sich insbesondere für Websites, bei denen Artikel und/oder Seiten verfasst werden, die spezielle bzw. immer wiederkehrende Tags nutzen.

Nach der Installation findet man beim Menüpunkt *Einstellungen* den Unterpunkt *AddQuicktag*. Hier können neue Quicktags angelegt werden oder bestehende bearbeitet oder gelöscht werden.

Button Name*	Title Attribut	Start Tag(s)*	Ende Tag(s)	Zugriffstaste	Reihenfolge	Visuell
.		&ndash;			0	☑
h3		<h3>	</h3>		0	☐
klein		<small>	</small>		0	☐
«»		&laquo;	&raquo;		0	☐

Abbildung 4.7: Quicktags verwalten

Die so erstellten Quicktags finden Sie dann als zusätzliche Buttons im HTML-Editor und auf Wunsch auch im Visuellen Editor.

Wenn Sie ganze Textbausteine speichern möchten, sollten Sie sich einmal das Plugin *Post Snippets*[50] anschauen, das auf perun.net näher beschrieben[51] ist.

---

49 wordpress.org/extend/plugins/addquicktag/
50 wordpress.org/extend/plugins/post-snippets/
51 perun.net/2012/01/17/textbausteine-in-einen-wordpress-artikel-einfuegen/

4.6 Antispam Bee

Bei *Antispam Bee*[52] handelt es sich um ein kostenloses, aber dennoch leistungsfähiges Plugin zur Spam-Bekämpfung. Im Gegensatz zu Akismet entsteht bei der Nutzung von Antispam Bee keine Datenschutzproblematik. In meinem Screencast[53] (Video) erfahren Sie, wie man Antispam Bee einstellen sollte um optimale Ergebnisse zu erzielen.

---

52 wordpress.org/extend/plugins/antispam-bee/
53 youtu.be/-f_69juVYEY

Teil II:

WordPress
für Autoren & Redakteure

1. Benutzergruppen in WordPress – die Schnellübersicht

Das Redaktionssystem WordPress unterscheidet (in der Standard-Installation) fünf Benutzergruppen. In aufsteigender Reihenfolge sind dies die folgenden:

Während **der Abonnent** sich lediglich anmelden und sein eigenes Profil verwalten kann, hat er keinerlei inhaltlichen Einfluss auf den Blog. In manchen Blogs muss man jedoch Abonnent sein, um Beiträge kommentieren zu können.

Der **Mitarbeiter** kann lediglich Beiträge verfassen, diese aber nicht veröffentlichen.

Der **Autor** ist ein selbständiger Mitarbeiter, der eigene Beiträge (inklusive Bild-, Audio- und Videomaterial) verfassen und veröffentlichen kann. Kommentare, die seine eigenen Beiträge betreffen, kann er moderieren. Er nimmt somit eine wichtige Rolle bei der Beisteuerung von Inhalten wahr, ist aber kein Mitglied des administrativen Teams von Administrator und Redakteur.

Der **Redakteur** ist der Stellvertreter des Administrators und hat somit sehr umfangreiche Rechte. Er kann Beiträge und Seiten verfassen und veröffentlichen. Er kann die Beiträge von Mitarbeitern veröffentlichen und auch die Beiträge von Autoren verändern. Der Redakteur kann alle abgegebenen Kommentare moderieren.

Der **Administrator** eines WordPress-Blogs kann alles, was auch Redakteure können. Zusätzlich dazu ist er der einzige, der das Aussehen und die Funktionalität des Blogs (Design bzw. Themes, Plugins, Einstellungen etc.) beeinflussen kann.

Diese Kurz-Dokumentation zeigt Ihnen, wie Sie als Redakteur einen Beitrag verfassen bzw. veröffentlichen können.

Außerdem erfahren Sie einige Tipps und Abkürzungen zum komfortablen Erstellen und Bearbeiten von Beiträgen sowie Hinweise zum Umgang mit Kommentaren.

2. Einen Beitrag erstellen und veröffentlichen

Um einen Beitrag in WordPress zu verfassen, müssen Sie sich auf die Unterseite "Neuen Beitrag erstellen" (links in der Navigation: *Beiträge / Erstellen*) begeben.

Abbildung 1: Einen neuen Beitrag über die linke Navigation erstellen

Sie erreichen die Unterseite auch über das Dropdown-Menü der sogenannten Adminleiste am Kopfende der Seite. Fahren Sie dafür mit der Maus über den Link "+ Neu" und wählen Sie dann "Beitrag" aus.

Abbildung 2: Einen neuen Beitrag über die Adminleiste erstellen

2. Einen Beitrag erstellen und veröffentlichen

In jedem Fall gelangen Sie in den Unterbereich *Neuen Beitrag erstellen*. Hier liegt an zentraler Stelle der Editor. Hier werden die Beiträge verfasst und formatiert. Sie können den Editor entweder im WYSIWYG- oder im Text-Modus (früher HTML-Modus) verwenden.

Sie können zwischen den beiden Modi (Visuell bzw. Text) wechseln, indem Sie auf den jeweiligen Reiter oben rechts am Rand des Editors klicken.

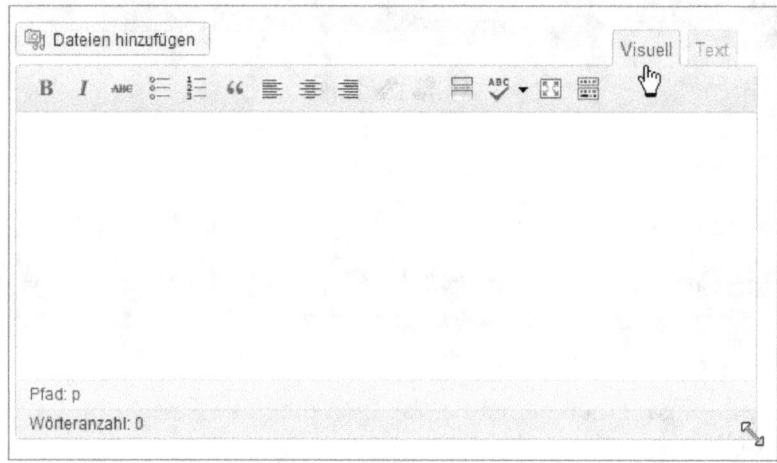

Abbildung 3: Der WordPress-Editor

ERLÄUTERUNG – Die Abkürzung "WYSIWYG" steht für "What You See Is What You Get" und bedeutet, dass Sie im Editor den Beitrag (fast) genau so sehen, wie er auch später nach der Veröffentlichung aussieht. Man spricht in diesem Zusammenhang auch von einem "visuellen Editor", im Gegensatz zu einem Code-Editor.

Welchen Editor Sie nutzen möchten hängt alleinig von Ihren Vorlieben ab. Wenn Sie über Vorkenntnisse im Bereich HTML verfügen, empfiehlt es sich den Text-Editor zu nutzen, da Sie hier eine wesentlich bessere, weil genauere Möglichkeit haben Ihren Text zu formatieren.

Wenn Sie unten rechts in der Ecke des Editors (egal ob im Visu-ellen oder HTML-Modus) mit der Maus über die angedeuteten Ecken fahren, ändert sich der Cursor, so dass Sie das Textfeld vergrößern oder verkleinern können.

2.1 Arbeiten mit dem Text-Editor

Zunächst einmal sollten Sie folgendes über die Arbeit mit dem Text-Editor wissen:

Der Editor erzeugt automatisch einen Zeilenumbruch (<br />), wenn man die Enter-Taste einmal drückt.

Wenn man nach einem Satz die Enter-Taste zwei Mal drückt, erzeugt der Text-Editor in der (X)HTML-Ausgabe einen richti-gen Absatz (<p></p>).

Um eine bessere Übersichtlichkeit des Web-Textes zu erreichen, sollte man den Zeilenumbruch äußerst sparsam einsetzen und stattdessen lieber den Text durch ausreichend viele Absätze "auflockern".

2.1.1 Text formatieren

Wenn Sie nun einen Text in den Editor eingeben stehen Ihnen standardmäßig die folgenden Formatierungsmöglichkeiten bzw. HTML-Tags in der sog. Quicktag-Leiste zur Verfügung:

Abbildung 4: Die Quicktag-Leiste des Text-Editors

1. **b** (steht für engl. bold) = Der mit diesem Tag ausgezeich-nete Abschnitt wird fett formatiert.

2. *i* (engl. italic) = Der hiermit ausgezeichnete Abschnitt wird als wichtig hervorgehoben bzw. kursiv formatiert.

3. <u>link</u> = Hiermit fügt man einen Link ein.

4. b-quote = Hiermit wird ein Abschnitt als Zitat ausgezeichnet.

5. ~~del~~ (delete) = überholten bzw. alten Inhalt kennzeichnen

6. ins (insert) = neuen bzw. aktuellen Inhalt kennzeichnen (Gegenstück zu del)

7. img (image) = Hiermit kann man ein Bild (image) einfügen.

8. ul (unnumbered list) = eine Aufzählungsliste einleiten

9. ol (ordered list) = eine nummerierte Liste einleiten

10. li (list) = einen Listenpunkt innerhalb einer Aufzählungs- oder einer nummerierten Liste einfügen

11. `code` = ein Code-Beispiel kennzeichnen

12. more = Der "weiterlesen..."-Link trennt den Text in eine Einleitung (engl. Teaser) und den Rest.

13. nachschlagen = Standardmäßig wird www.answers.com geöffnet, um nach einem Wort zu suchen.

14. Tags schließen = alle offenen Tags werden geschlossen

15. fullscreen = öffnet den Editor im Vollbildmodus

Generell gilt, dass Sie zwei Möglichkeiten haben, die Tags einzufügen:

Entweder Sie klicken den gewünschten Tag an, z. B. *b*, es erscheint der öffnende Tag `<strong>`, Sie schreiben Ihren Text und schließen den Tag mit einem erneuten Klick auf das *b* oder auf den Button "Tags schließen". Es erscheint nun der schließende Tag `</strong>`.

Oder Sie markieren einen Textabschnitt oder ein Wort und klicken dann den gewünschten Button an, z. B. b. Der öffnende und der schließende Tag werden dann automatisch vor und hinter dem markierten Bereich eingefügt. Beide Varianten führen zu folgendem Ergebnis:

```
<strong>Dieser Abschnitt ist wichtig.</strong>
```

2.2 Arbeiten mit dem Visuellen Editor

Das Verhalten des Visuellen Editors ist in Bezug auf die Zeilenumbrüche etwas anders als in der HTML-Ansicht.

Hier genügt es einmal die Enter-Taste zu betätigen um einen Absatz (<p></p>) zu generieren. Möchte man einen Zeilenumbruch generieren, dann muss man – so wie in Word – die Tastenkombination Shift + Enter drücken.

2.2.1 Text formatieren

Der Text in der Textbox des Visuellen Editors kann mit den Buttons, die sich im oberen Bereich der Textbox befinden, formatiert werden. Folgende Möglichkeiten stehen Ihnen dabei zur Verfügung:

Abbildung 5: Formatierungsleiste (obere Reihe)

1. Der entsprechende Abschnitt wird als sehr wichtig hervorgehoben bzw. fett formatiert.

2. Der entsprechende Abschnitt wird als wichtig hervorgehoben bzw. kursiv formatiert.

3. Der entsprechende Abschnitt wird ~~durchgestrichen~~.

4. Der entsprechende Abschnitt stellt eine Aufzählungsliste dar.

5. Der entsprechende Abschnitt stellt eine nummerierte Liste dar.

6. Der entsprechende Abschnitt wird als Zitat gekennzeichnet.

7. Linksbündiger Absatz.

8. Zentrierter Absatz.

9. Dieser Absatz wird rechtsbündig.

10. Einen Link einfügen/ändern.

11. Einen Link entfernen.

12. Der "weiterlesen..."-Link. Trennt den Text in eine Einleitung (engl. Teaser) und den Rest.

13. Die Rechtschreibprüfung. (Über das Dropdown-Feld können Sie die Sprache einstellen.)

14. Mit diesem Button de-/aktivieren Sie den Vollbildmodus des Editors.

15. Der letzte Button erweitert die Formatierungsleiste des visuellen Editors, wie man schön in der nächsten Abbildung sehen kann.

Abbildung 6: Formatierungsleiste (untere Reihe)

1. In der Auswahlliste mit dem Namen "Absatz" befinden sich neun Auswahlmöglichkeiten, mit denen Sie den Inhalt kennzeichnen können: Absatz, Überschriften etc.

2. Dieser Textabschnitt wird unterstrichen. Sie sollten allerdings auf diese Auszeichnung/Formatierung verzichten, da im Web ein unterstrichener Text einen Link symbolisiert. Der Nutzer ist dann evtl. irritiert, wenn manche "Links" anklickbar sind und manche wiederum nicht.

3. Der entsprechende Textabschnitt bekommt einen Blocksatz. Denken Sie bitte daran, dass es im Web bzw. (X)HTML und CSS keine Silbentrennung gibt und der Blocksatz durch vergrößerte Leerzeichen simuliert wird. Dies kann zu unschönen Lücken im Text führen.

4. Mit diesem Knopf bestimmen Sie die Textfarbe.

5. Einen unformatierten Text einfügen. Hier werden die Formatierungen aus der ursprünglichen Quelle nicht übernommen. Sehr wichtig, wenn Sie Texte aus einer Textverarbeitung (z.B. Word oder OpenOffice), aber nicht deren Formatierung aus dem Programm übernehmen möchten. Dies entspricht der Funktion "unformatierten Text einfügen" aus MS Word.

6. Bei dem Knopf mit dem Word-Symbol handelt es sich um die Möglichkeit einen Text inkl. seiner Formatierungen aus der ursprünglichen Anwendung einzufügen. Hierbei werden die Formatierungen übernommen, soweit dies mit (X)HTML und CSS möglich ist.

7. Unter dem Knopf mit dem Radiergummi-Symbol verbirgt sich eine Funktion, die Formatierungen für einen Textabschnitt nachträglich entfernt.

8. Hinter dem Button mit dem Omegasymbol verbirgt sich eine sehr hilfreiche Funktion. Hier haben Sie die Möglichkeit, ganz einfach und komfortabel Sonderzeichen einzufügen.

9. Einzug zurück.

10. Einzug vor.

11. Einen Bearbeitungsschritt zurück.

12. Ein Schritt in der Bearbeitung vor.

13. Die Hilfe.

Die Funktionen der einzelnen Buttons sind selbst erklärend und die Symbole entsprechen denen aus gängigen Textverarbeitungs- oder E-Mail-Programmen (erweiterte Ansicht) bzw. anderen CMS.

Fähigkeiten des Editors, die einer Erklärung bedürfen – wie z. B. Links und Dateien einfügen – werden im Folgenden näher erläutert. Sie gelten sowohl für das Arbeiten mit dem HTML- wie auch mit dem Visuellen Editor.

Tastaturkürzel

Während der Arbeit mit dem Visuellen Editor können Sie auf Tastaturkürzel zurückgreifen.

englisch	Tastaturkürzel	deutsch
Advanced Editor	Alt+SHIFT+z	Werkzeugleiste ein/aus
Align Left	Alt+SHIFT+l	linksbündig
Align Center	Alt+SHIFT+c	zentriert
Align Right	Alt+SHIFT+r	rechtsbündig
H1 Header	STRG+1	Überschrift 1
H2 Header	STRG+2	Überschrift 2
H3 Header	STRG+3	Überschrift 3
H4 Header	STRG+4	Überschrift 4
H5 Header	STRG+5	Überschrift 5
H6 Header	STRG+6	Überschrift 6
Paragraph	STRG+7	Absatz
Format	STRG+8	Format
Address	STRG+9	Adresse

Tabelle 2: Tastaturkürzel im Visuellen Editor

2.3 Links einfügen

Möchten Sie ein Wort oder einen Abschnitt Ihres Textes verlinken, so markieren Sie das Wort bzw. den Bereich und klicken dann auf den Button *Link einfügen/ändern* (Nr. 3 im HTML-Editor, Nr. 10 in der oberen Leiste des Visuellen Editors).

Abbildung 7: Einen Link einfügen

Im sich daraufhin öffnenden Fenster müssen Sie die URL, bzw. die Ziel-Adresse des Links eingeben. Optional ist die Angabe nach einem Titel. Falls Sie möchten, dass der Link sich in einem neuen Fenster oder Tab öffnet, müssen Sie diese Option hier auswählen.

HINWEIS – Den "Titel" eines Links nennt man auch Tool-Tipp. Er erscheint wenn man mit der Maus über den Link fährt.

Zum Abschluss müssen Sie Ihre Angaben mit einem Klick auf den Button "Link hinzufügen" bestätigen.

Abbildung 8: Ein Link im Visuellen Editor

Abbildung 9: Ein Link im Text-Editor

2.3.1 Interne Verlinkung

Falls Ihr Link auf eine Seite oder einen Beitrag verweisen soll, der von Ihnen selber stammt bzw. von ihrer eigenen Website, so können Sie auf den verlinkten Text "Oder verlinke auf bestehende Inhalte" klicken. Daraufhin erscheint eine Liste aller Beiträge und Seiten.

Abbildung 10: Eine interne Verlinkung einfügen

Wählen Sie dann einfach das gewünschte Ziel aus, indem Sie es anklicken. Die notwendigen Angaben werden dann automatisch im oberen Teil des Fensters eingefügt.

Abbildung 11: Auf bestehenden Inhalt verlinken

Auch hier müssen Sie Ihre Angabe am Ende mit einem Klick auf den Button "Link hinzufügen" bestätigen.

Bei einer umfangreichen Website empfiehlt es sich die hier vorhandene Suchfunktion zu nutzen um den gewünschten Beitrag oder die gewünschte Seite zu finden, auf die verlinkt werden soll.

2.3.2 Links bearbeiten

Wenn Sie einen Link im Nachhinein ändern möchten, dann hängt ihre Vorgehensweise davon ab, welchen Editor Sie nutzen.

Wenn Sie den Text-Editor nutzen müssen Sie die Anpassungen im Code selber vornehmen. Arbeiten Sie aber im Visuellen Editor, so setzen Sie den Cursor "in" den verlinkten Bereich und klicken erneut auf den Button "Link einfügen/ändern". Es öffnet sich wieder das Fenster mit den Angaben zum Link, die Sie nun aktualisieren können.

Möchten Sie den Link komplett entfernen müssen Sie den Cursor "in" den verlinkten Bereich setzen und dann den Button "Link entfernen" (Nr. 11 in der oberen Leiste des Visuellen Editors) anklicken.

2.4 Dateien einfügen

Für das Hinzufügen von Bildern und Dateien bietet oberhalb des Editors einen Button bzw. ein Symbol, unabhängig davon welchen Sie nutzen.

Abbildung 12: Dateien hochladen bzw. einfügen

Im Folgenden wird das Einfügen eines Bildes beschrieben. Grundsätzlich ist es aber auch möglich andere Dateien einzufügen, z. B. Audio- oder PDF-Dateien.

2.4.1 Bild hinzufügen

Klicken Sie auf den Button "Dateien hinzufügen", um zum entsprechenden Dialog zu gelangen.

Abbildung 13: Ein Bild einfügen

Zunächst müssen Sie auswählen, wo das Bild "liegt", das Sie einfügen möchten. WordPress bietet Ihnen drei Möglichkeiten an:

1. Dateien hochladen: Das Bild befindet sich auf Ihrer lokalen Festplatte.

2. Mediathek: Das Bild wurde schon vorher bei einem anderen Beitrag oder über die Mediathek in WordPress hochgeladen und muss nur noch in den Beitrag eingefügt werden.

3. Von URL: Das Bild ist auf einem Server bzw. im Web gespeichert.

Dateien hochladen

Haben Sie ein Bild auf Ihrem Rechner gespeichert, das Sie in den Beitrag einfügen möchten, so klicken Sie entweder auf den Button "Dateien auswählen" oder Sie ziehen die Bilder aus einem geöffneten Windows-Fenster einfach mit der Maus in den gestrichelten Bereich.

Im ersten Fall öffnet sich ein Windows-Fenster, in dem Sie die Datei auswählen. "Öffnen" Sie das Bild, um es in WordPress hochzuladen. Dieser Vorgang kann je nach Bildgröße ein paar Sekunden dauern.

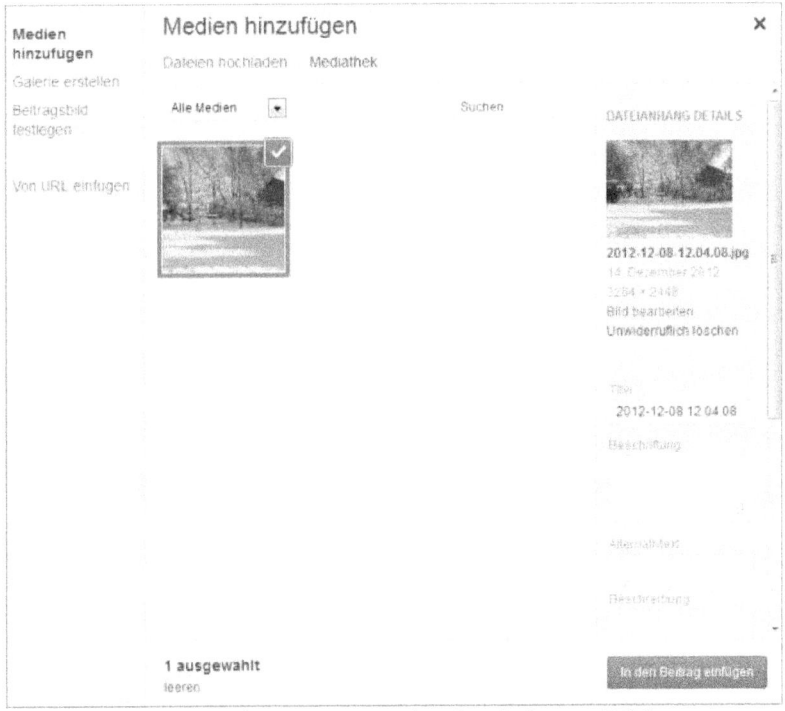

Abbildung 14: Angaben zu einem hochgeladenen Bild

Nach dem Hochladen des Bildes bekommen Sie ein kleines Vorschaubild gezeigt, den Namen der Datei, die Sie hochgeladen haben, das Format der Datei (Dateityp) und den Zeitpunkt des Hochladens. Außerdem bekommen Sie die Größe des Bildes angezeigt.

Darunter müssen Sie einen "Titel" für das Bild eingeben. WordPress generiert diesen zwar automatisch, doch es empfiehlt sich oft, ihn anzupassen, damit er aussagekräftiger ist.

Im Feld darunter können Sie eine "Beschriftung" eingeben. Diese wird als Bildunterschrift, die sog. "Caption" verwendet. Seit der WordPress-Version 3.4 ist es hier auch möglich eine Verlinkung mit einfachem HTML einzugeben. Die Bildunterschrift kann also einen Link zur Bildquelle o. ä. enthalten.

Im dritten Feld "Alternativtext" geben Sie eine aussagekräftige Bezeichnung ein, denn dies ist der Inhalt des *alt*-Attributs, das erscheint, wenn das Bild nicht geladen werden kann.

Die "Beschreibung", die Sie im vierten Feld einfügen können, ist sichtbar, wenn das Bild Teil einer Galerie ist oder auf die Anhang-Seite verlinkt wird.

Darunter finden Sie die Anzeigeneinstellungen.

Legen Sie hier die Ausrichtung, die Verlinkung und die Größe des anzuzeigenden Bildes fest.

Soll das Bild verlinkt werden, so müssen Sie unter dem Punkt "Link zur" eine der möglichen Optionen auswählen. Bei der Option "Benutzerdefinierte URL" können Sie eine eigene URL eingeben. Sie können aber auch die "Medien-Datei" auswählen, wobei die Verlinkung auf die Originaldatei erfolgt oder "Anhang-Seite", dabei wird auf eine separate Seite verlinkt, die das Bild und evtl. weiterer Text enthält. Selbstverständlich können Sie auch auf eine Verlinkung verzichten, indem Sie die Option "Keine" wählen.

Klicken Sie zum Abschluss auf den Button "In den Beitrag einfügen".

In dem Fenster, das in *Abbildung 14: Angaben zu einem hochgeladenen Bild* dargestellt ist, finden Sie außerdem unterhalb des Vorschaubildes den Link "Bild bearbeiten". Dieser führt Sie zu einer Arbeitsoberfläche, die es Ihnen ermöglicht Ihr hochgeladenes Bild rudimentär zu bearbeiten.

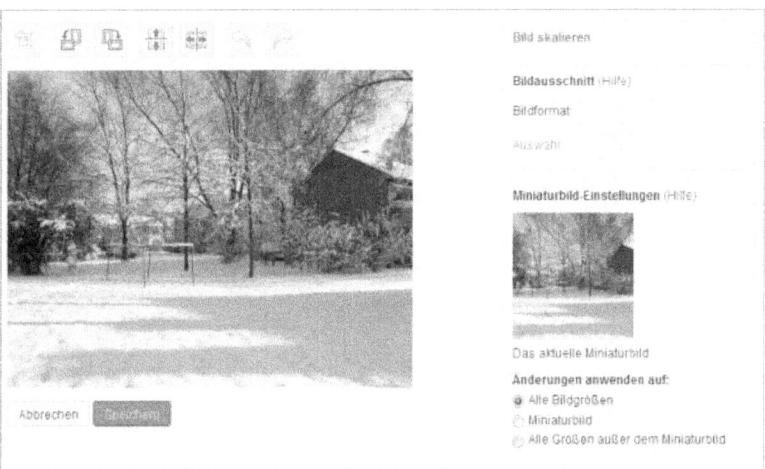

Abbildung 15: Bild bearbeiten mit der internen WordPress-Funktion

Sie können Ihr Bild hier beschneiden, drehen, spiegeln oder skalieren.

In den meisten Fällen empfiehlt es sich jedoch Bilder vor dem Hochladen mit einem Desktop-Bildbearbeitungsprogramm zu bearbeiten.

HINWEIS – Mehr über den sinnvollen Einsatz der Bildbearbeitungsfunktion von WordPress erfahren Sie in dem Beitrag "Die Bildbearbeitungsfunktion von WordPress sinnvoll nutzen"[54].

Seit der WordPress-Version 3.5 finden Sie hier im Bildbearbeitungs-Bereich aber auch die vorhin schon erwähnten Felder: Beschriftung (Bildunterschrift), Alternativtext (*alt*-Attribut) und Beschreibung (Text, der zusätzlich auf der Anhang-Seite erscheint)-- letzteres sogar mit den Quicktags des Text-Editors.

Sie haben also auch hier die Möglichkeit ihre Angaben zum Bild einzugeben.

---

54 wpbuch.de/2010/07/die-bildbearbeitungsfunktion-von-wordpress-sinnvoll-nutzen/

Mediathek

Möchten Sie ein Bild in Ihren Beitrag einfügen, das bereits in WordPress hochgeladen wurde (Menüpunkt: *Medien / Datei hinzufügen*), so wählen Sie die Option "Mediathek". Hier erhalten Sie eine Übersicht über die verfügbaren Bilder.

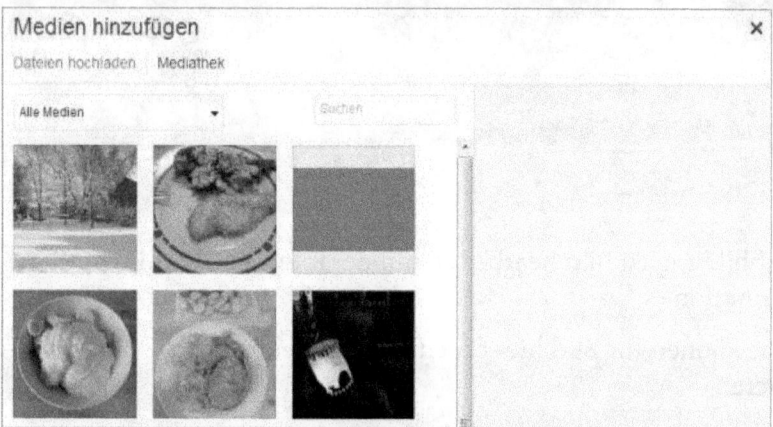

Abbildung 16: Bild aus der Mediathek hochladen

Um ein Bild aus der Mediathek einzufügen, klicken Sie einfach das gewünschte Bild an. Falls Sie es nicht gleich entdecken können Sie auch danach suchen oder die Anzeige der Medien einschränken (zu diesem Beitrag hochgeladen, Bilder, Video, Audio).

Nach dem Anklicken, können Sie im rechten Bereich nähere Angaben zum Bild bzw. zum Einfügen des Bildes machen, wie Sie es auch schon aus *Abbildung 14: Angaben zu einem hochgeladenen Bild* kennen. Überarbeiten Sie evtl. die Angaben und fügen Sie das Bild dann mit einem Klick auf den Button "In den Beitrag einfügen" ein.

Haben Sie ein Bild in Ihren Beitrag eingefügt, so wird es entweder im Code angezeigt (Text-Editor) oder wirklich so, wie es auch später für den Besucher des Blogs sichtbar ist (Visueller Editor).

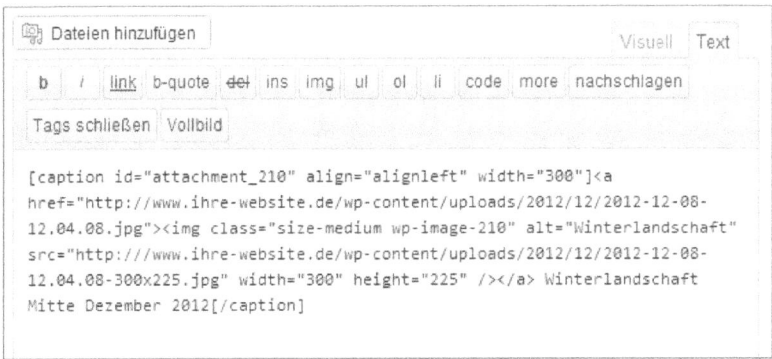

Abbildung 18: Bild im Text-Editor

Abbildung 19: Bild im Visuellen Editor

Von URL

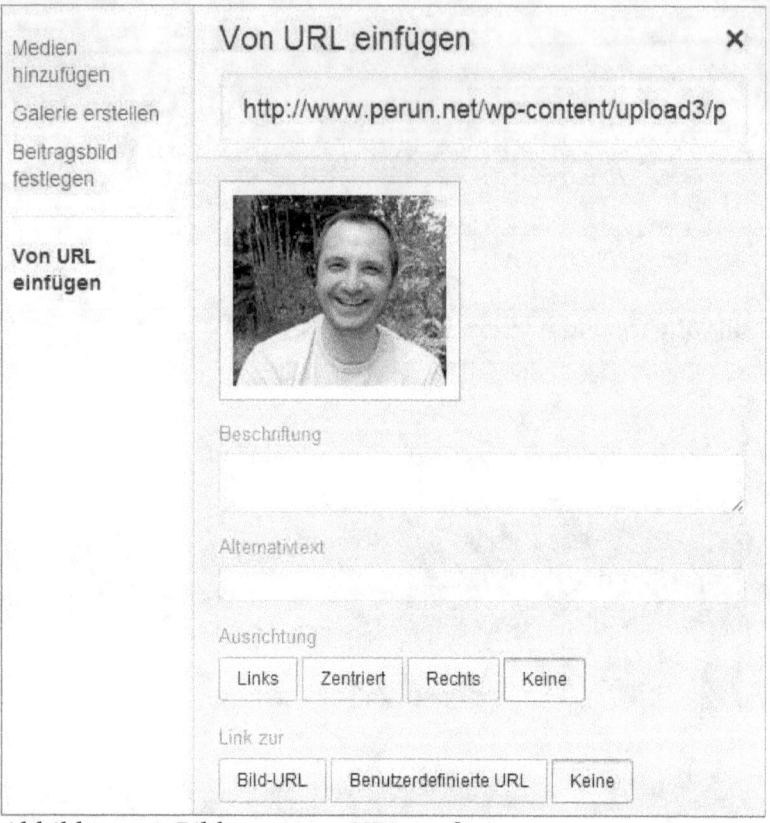

Abbildung 16: Bild von einer URL einfügen

Soll ein Bild eingefügt werden, das schon auf einem Server liegt, so wählen Sie den Punkt "Von URL einfügen" und es öffnet sich das Fenster aus Abbildung 17: Bild von einer URL einfügen.

Hier müssen Sie Angaben über die Herkunft des Bildes machen ("Bild-URL") und optional eine Beschriftung sowie einen Alternativtext angeben. Sie können die Ausrichtung des Bildes bestimmen und ob es verlinkt werden soll.

ACHTUNG – Wenn Sie ein Bild von einer URL einfügen möchten bekommen Sie als erstes die Möglichkeit angezeigt einen Titel einzufügen, sobald Sie aber eine URL angegeben haben ist dieser verschwunden.

Unserer Meinung nach handelt es sich dabei um einen Bug, der hoffentlich bald behoben sein wird.

ACHTUNG – Lassen Sie bitte Vorsicht walten, wenn Sie fremde Grafiken und Dateien einbinden, die auf anderen Servern liegen. So etwas nennt man Hotlinking und wird von den meisten Webmastern nicht gern gesehen. Wenn Sie ein Bild hotlinken, erscheint es in Ihrem Beitrag. Sie haben einen zusätzlichen Inhalt, aber der Aufruf des Bildes passiert auf dem Server des anderen Webmasters. Er hat dadurch mehr Datendurchsatz auf seinem Server und je nachdem, wie oft ein Bild aufgerufen wird, hat er auch zusätzliche Kosten und der Server wird durch die zusätzlichen Anfragen belastet.

Hotlinken sollten Sie daher nur, wenn die Dateien auf ihrem Webspace liegen oder der Webmaster ihnen erlaubt hat, auf seine Bilder zu hotlinken. Manche Video- (z. B. YouTube) und Bild-Dienste (Flickr) erlauben explizit das Hotlinken der Dateien, die auf ihren Servern liegen. Ein weiterer Aspekt sind die rechtlichen Folgen. Nur weil ein Bild auf einer Website eingebunden ist, heißt das noch lange nicht, dass ein anderer Webmaster dieses Bild nutzen darf. Indem Sie ein Bild hotlinken, machen Sie es zum eigenen Inhalt und da die meisten Bilder im Internet urheberrechtlich geschützt sind, könnte das für Sie unangenehme Konsequenzen haben. In diese Falle tappen leider auch sehr erfahrene Webmaster.

2.4.2 Bilder bearbeiten

Sowohl im Text-Editor wie auch im Visuellen Editor haben Sie nach dem Einfügen immer noch die Möglichkeit die Größe und die Positionierung des Bildes nachträglich zu ändern.

Im Text-Editor geschieht dies über einen Eingriff im Code. So könnten Sie z. B. die Ausrichtung des Bild durch eine einfache Änderung im Code verändern:

```
[caption id="attachment_210"
align="aligncenter" width="300"]<a
href="http://www.ihre-website.de/wp-
content/uploads/2012/12/2012-12-08-
12.04.08.jpg"><img src="http://www.ihre-
website.de/wp-content/uploads/2012/12/2012-12-
08-12.04.08-300x225.jpg"
alt="Winterlandschaft" width="300"
height="225" class="size-medium wp-image-
210" /></a< Winterlandschaft Mitte Dezember
2012[/caption]
```

Listing 1: Code für ein zentriert eingefügtes Bild

```
[caption id="attachment_210" align="alignleft"
width="300"]<a href="http://www.ihre-
website.de/wp-content/uploads/2012/12/2012-12-
08-12.04.08.jpg"><img src="http://www.ihre-
website.de/wp-content/uploads/2012/12/2012-12-
08-12.04.08-300x225.jpg"
alt="Winterlandschaft" width="300"
height="225" class="size-medium wp-image-
210" /></a< Winterlandschaft Mitte Dezember
2012[/caption]
```

Listing 2: Code für ein linksbündig eingefügtes Bild

Möchten Sie eine Änderung der Positionierung im Visuellen Editor vornehmen, so müssen Sie mit der Maus das Bild anklicken (es aktivieren) und dann auf das erscheinende Symbol "Bild bearbeiten" klicken.

Abbildung 20: Bild im Visuellen Editor bearbeiten

Daraufhin öffnet sich ein neues Fenster, in dem Sie das Bild bearbeiten können.

Bild bearbeiten	Erweiterte Einstellungen			

Erweiterte Bildeinstellungen

Quelle	* http://www.ihre-website.de/wp-content/uploads/2012/12/2012-12-08-12.04.08-300x2		
Größe	Breite 300	Höhe 225	Originalgröße
CSS Klasse	size-medium wp-image-210 alignleft		
Styles			
Bildeigenschaften	Rand	Vertikaler Abstand	Horizontaler Abstand

Erweiterte Linkeinstellungen

Titel	
Link-Beziehung	
CSS Klasse	
Styles	
Target	Link in neuem Fenster öffnen ☐

Abbildung 21: Eingefügtes Bild im Nachhinein bearbeiten

Hier können Sie nun neben der Größe und der Ausrichtung auch den Titel, die Beschreibung, die Beschriftung und die Verlinkung ändern.

Auf dem Reiter "Erweiterte Einstellungen" haben Sie noch weitere Möglichkeiten, um die Präsentation bzw. die Darstellung Ihres Bilds zu beeinflussen.

Abbildung 22: Erweiterte Möglichkeiten zum Bearbeiten eines bereits eingefügten Bildes

Löschen Sie den Code (Text-Editor) oder das Bild (Visueller Editor) so wird nur die Verankerung im Beitrag gelöscht. Das Bild selber bleibt erhalten und kann über die Mediathek erneut eingefügt werden.

2.4.3 Bilder, Videos und Tweets mit oEmbed einfügen

Seit einiger Zeit können Sie Bilder, Videos und Tweets auch einfügen, indem Sie lediglich die URL des betreffenden Bildes, Videos oder Tweets einfügen.

Voraussetzung dafür ist, dass der Dienst, bei dem das Bild oder das Video präsentiert wird, oEmbed unterstützt.

WEB – Mehr zu oEmbed können Sie auf der Website oembed[55] erfahren.

Unterstützt wird oEmbed z. B. von Flickr und YouTube. Möchten Sie also ein YouTube-Video in einen Beitrag einbinden, genügt es die URL des Videos einzufügen – unabhängig davon welchen Editor sie nutzen.

Abbildung 23: Ein Video mit oEmbed einfügen

2.4.4 Galerien erstellen

Möchten Sie in einen Beitrag mehrere Bilder in einer Galerie –

---

55 oembed.com

also zusammenhängend – einfügen, so müssen Sie die gewünschten Bilder zuerst in WordPress hochladen und mit den gewünschten Angaben versehen (Titel, Beschreibung etc.) **ohne** sie in den Beitrag einzufügen.

Abbildung 24: Bilder für eine Galerie auswählen

Dann müssen Sie die Bilder für eine Galerie auswählen. Klicken Sie dazu links auf den Reiter "Galerie erstellen" und wählen Sie dann die benötigten Bilder aus der Mediathek aus, Sie können auch noch benötigte Bilder hoch laden.

Denken Sie auch daran alle Angaben wie Beschriftung und Beschreibung anzugeben.

Haben Sie alle benötigten Bilder ausgewählt klicken Sie auf den Button *Erstelle eine neue Galerie* (unten rechts).

Im sich daraufhin öffnenden Fenster müssen Sie die Einstellungen für die Ausgabe der Galerie festelegen.

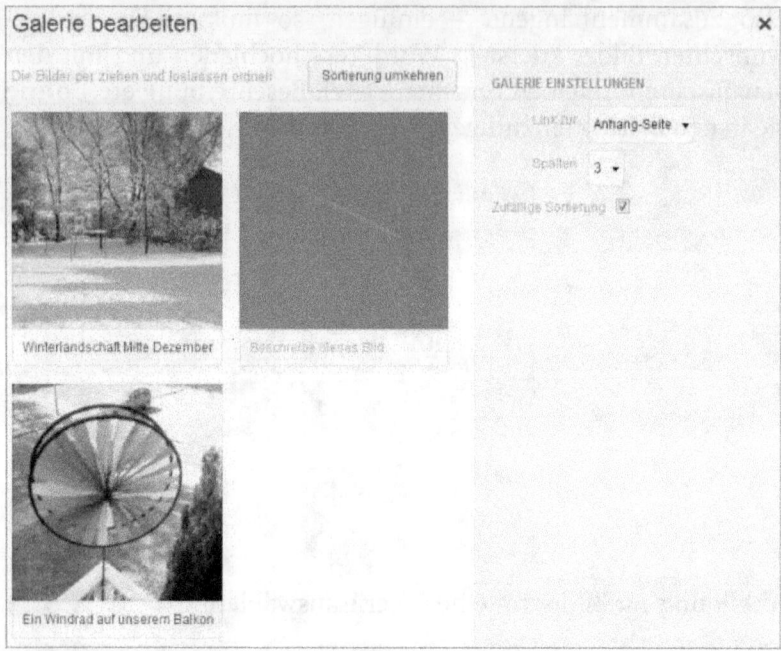

Abbildung 25: Galerie bearbeiten

Hier können Sie zunächst die Reihenfolge der Bilder festlegen. Dies geht per Drag & Drop bzw. Klicken & Ziehen. Sortieren Sie Ihre Bilder einfach, indem Sie sie an ihre gewünschten Plätze ziehen. Sie können aber auch eine zufällige Sortierung wählen.

Nun können Sie entscheiden, womit die einzelnen Vorschau- bzw. Miniaturbilder verknüpft bzw. verlinkt sein sollen. "Medien-Datei" bedeutet, dass die Bilder, wie bei Vorschaubildern üblich, mit ihrem eigenen Original verlinkt sind. Die Option "Anhang-Seite" öffnet eine Galerieseite, auf der auch die Beschreibung des Bildes, die Sie evtl. eingefügt haben, zu finden ist. Außerdem können Sie auf den Galerieseiten zum vorhergehenden und nächsten Bild navigieren.

Die Galerie kann zudem mit einer unterschiedlichen Anzahl von Spalten dargestellt werden. Sie können zwischen 1 bis 9 Spalten wählen.

Haben Sie alle Einstellungen getätigt, müssen Sie auf den Button "Galerie einfügen" klicken, um sie in Ihren Beitrag einzufügen.

Im Text-Editor lautet der Code für eine Galerie dann z. B. so:

```
[gallery columns="3" ids="210,190,181"
orderby="rand"]
```

Die Zahlen stehen dabei für die ID des jeweiligen Bildes. Diese erscheint in der Statusleiste des Browsers, wenn man in der Medienübersicht mit der Maus über das entsprechende Bild fährt. Somit ist es auch möglich eine Galerie "manuell" zu erstellen oder aber auch abzuändern.

Im visuellen Editor wird die Galerie nur symbolisch dargestellt und nicht mit ihren einzelnen Bildern. Diese sind erst im eigentlichen Beitrag zu sehen.

Wenn Sie eine Galerie im Nachhinein bearbeiten möchten können Sie dies im visuellen Editor machen, indem Sie das Symbol "Galerie bearbeiten" anklicken, das erscheint, wenn Sie mit der Maus über das Symbolbild der Galerie fahren (vgl. dazu auch die Bildbearbeitung im Visuellen Editor.

WEB – Mehr zum Thema Galerien und WordPress erfahren Sie auch auf unserer Website zum WordPress-Buch[56].

2.5 Im Vollbilmodus arbeiten

Sowohl mit dem Visuellen wie auch mit dem HTML-Editor können Sie in den Vollbildschirm-Modus wechseln.

Hier finden Sie eine Oberfläche vor, die Ihnen das Konzentrieren auf das Wesentliche, also auf den Inhalt Ihres Textes, erleichtern soll. Dafür werden alle nicht benötigten Elemente aus-

---

56 wpbuch.de/tag/galerie/

geblendet. Wenn Sie auch auf den Einsatz der Maus verzichten bzw. diese nicht bewegen reduziert sich der Inhalt Ihres Bildschirmes auf nichts anderes als auf den Text, den sie gerade verfassen.

Ungestört schreiben

Ungestört schreiben ist eine echte Wohltat. Nichts stört oder lenkt ab. Es kommt einzig auf das Wort an

Abbildung 26: Vollbildmodus

2.6 Metainformationen und Einstellungen (Module)

Bevor Sie den Beitrag nun veröffentlichen bzw. publizieren, müssen Sie noch weitere (z. T. optionale) Einstellungen, die den Beitrag betreffen, tätigen. Diese Einstellungsmöglichkeiten haben die WordPress-Entwickler in sogenannten Modulen untergebracht, die im Folgenden näher erläutert werden sollen.

2.6.1 Veröffentlichen

Die wichtigsten Funktionen, die die eigentliche Publizierung, also Veröffentlichung betreffen, sind im Modul "Veröffentlichen" zu finden. Dieses Modul ist kontextsensitiv, d. h. es ändert sich, je nachdem, ob ein Beitrag gerade neu geschrieben wird, ob er im Nachhinein geändert wird, wer ihn schreibt und wann er veröffentlicht werden soll.

Abbildung 27: Das Modul "Veröffentlichen"

Als Mitarbeiter sind Sie z. B. nicht befugt, einen Beitrag direkt zu publizieren; Sie müssen ihn "Zur Revision vorlegen". Im Folgenden wird allerdings der Vorgang der Veröffentlichung aus Sicht eines Redakteurs beschrieben.

Wie Sie in den oberen Abbildungen sehen können, gibt es zunächst einmal drei große Buttons, mit denen Sie den Beitrag entweder "Speichern", sich eine "Vorschau" anzeigen lassen oder ihn "Veröffentlichen" können.

Speichern

Speichern Sie einen Beitrag, so bleibt das Browser-Fenster mit Ihrem Beitrag geöffnet, so dass Sie unmittelbar weiter arbeiten können. Dieser Button dient also auch dazu, während der Arbeit zwischenzuspeichern. Sie können einen Beitrag aber auch für einen späteren Zeitpunkt als Entwurf speichern, um z. B. erst am nächsten Tag daran weiterzuarbeiten.

Um zu einem späteren Zeitpunkt einen Entwurf wieder aufzurufen, gibt es mehrere Möglichkeiten:

* das Modul auf dem Dashboard: Aktuelle Entwürfe
* linke Navigationsleiste: *Beiträge / Alle Beiträge*

Wird ein bereits gespeicherter oder aber auch bereits veröffentlichter Beitrag erneut zur Bearbeitung aufgerufen, so verändert sich auch das Veröffentlichen-Modul dementsprechend.

Vorschau

Der Vorschau-Button zeigt wie der Beitrag aussehen würde, wenn er veröffentlicht wird.

Veröffentlichen

Mit diesem Button veröffentlichen Sie den Beitrag.

Weitere Einstellungsmöglichkeiten

Im zentralen Bereich des Veröffentlichen-Moduls befinden sich weitere Einstellungsmöglichkeiten.

Status

Abbildung 28: Den Status ändern

Um den Status des Beitrags zu ändern, klicken Sie auf den Link "Bearbeiten" und wählen dann aus dem Dropdown-Menü einen anderen Status. Bei einem Entwurf wäre das: "Ausstehender Review". Wenn Sie diese Auswahl mit "OK" bestätigen, wird der Beitrag nicht veröffentlicht, sondern "zur Revision vorgelegt".

Sichtbarkeit

Abbildung 29: Die Sichtbarkeit festlegen

Hinter dem Link "Bearbeiten" des Eintrags zur Sichtbarkeit können Sie einstellen, ob und für wen Ihr Beitrag sichtbar ist.

- **Öffentlich:** Der Beitrag ist für alle Besucher sichtbar.

  - *Diesen Beitrag auf der Startseite halten:* Der Beitrag ist nicht in den normalen "Fluss eines Blogs" integriert. Werden aktuellere Beiträge veröffentlicht, bleibt dieser Beitrag trotzdem an oberster Stelle erhalten.

  - **Passwortgeschützt:** Sie können dem Beitrag ein Passwort zuweisen, so dass der Beitrag nur von Besuchern aufgerufen werden kann, die das Passwort kennen.

Geschützt: Vertrauliche Informationen

Dieser Artikel ist durch ein Passwort geschützt.
Um ihn anzusehen, trage es bitte hier ein:

Passwort:

Senden

Abbildung 30: Ein passwortgeschützter Beitrag

- **Privat:** Der Beitrag kann nur von eingeloggten Administratoren und Redakteuren gesehen werden.

- **Sofort:** Hinter dem Stichwort "Sofort" verbirgt sich der Zeitpunkt der Veröffentlichung. Normalerweise wird der Beitrag, den Sie publizieren, unmittelbar veröffentlicht.

Abbildung 31: Den Zeitpunkt der Veröffentlichung bestimmen

Durch eine Bearbeitung des Zeitpunktes können Sie einen Beitrag aber auch in die Vergangenheit zurückdatieren oder sogar für die Veröffentlichung in der Zukunft vorsehen, d. h. er wird erst in der Zukunft für die Besucher sichtbar. Ändern Sie einfach das Datum und/oder die Uhrzeit.

Löschen

Sobald ein Beitrag gespeichert (automatisch oder manuell) wurde, erscheint im Veröffentlichen-Modul auch der Link "In den Papierkorb legen". Hiermit können Sie den Beitrag in den Papierkorb verschieben.

Den Papierkorb erreichen Sie über das Menü *Beiträge / Alle Beiträge*. Auf der Übersichtseite finden Sie Links zu allen veröffentlichten Beiträgen sowie zu Entwürfen und dem Papierkorb (falls vorhanden). Beiträge werden im Papierkorb 30 Tage "aufbewahrt" bevor sie automatisch – aber dann endgültig – gelöscht werden.

Abbildung 32: Übersicht aller Beiträge

HINWEIS – Das Prinzip "Papierkorb" wurde mit der Version 2.9 eingeführt und steht für die Bereiche Beiträge, Seiten und Kommentare zur Verfügung.

2.6.2 Weitere Module

Im Folgenden werden der Vollständigkeit halber alle verfügbaren Module beschrieben. Nicht alle Module werden jedoch für die redaktionelle Arbeit benötigt. Je nach WordPress-Installation ist auch nicht jede Funktionalität im Frontend implementiert.

ANMERKUNG – Nicht alle Module sind immer sichtbar. Z. T. ist es abhängig davon, ob ein Beitrag bereits gespeichert wurde. Falls die WordPress-Installation Plugins enthält, ist es auch möglich, dass zusätzliche Module vorhanden sind. Welche Module eingeblendet werden, können Sie über die Optionen selbst festlegen. Wie das geht erfahren Sie im Abschnitt "Seiten anpassen".

Formatvorlage

Je nach dem was für ein Theme (Design-Template) genutzt wird, stehen ihn mehr oder weniger (eventuell auch keine) Formatvorlagen zu. Sie bestimmen das Aussehen eines Beitrags.

Das Standard-Theme Twenty Twelve verfügt neben der Standardvorlage noch über 5 zusätzliche Vorlagen.

Abbildung 33: Eine Formatvorlage wählen

- **Kurzmitteilung:** Die Formatvorlage *Kurzmitteilung* zeichnet sich vor allen Dingen dadurch aus, dass der Text farbig hinterlegt ist, die Metainformationen werden untereinander präsentiert.

- **Bild:** Wenn man einem Artikel die Formatvorlage *Bild* zuweist, so wird das Bild präsentiert und die Metainformationen, inklusive des Titels, zu dem Beitrag etwas anders präsentiert.

- **Link:** Mit der Formatvorlage *Link* kann man, wie bei der Kurzmitteilung auch einen Artikel verfassen, der in der Übersichtseite keinen Titel anzeigt, stattdessen aber den Hinweis LINK enthält. Ein Link im Fließtext wird außerdem optisch hervorgehoben dargestellt.

- **Zitat**: Das *Zitat* ist grau hinterlegt und erscheint in der Standardschrift. Ein Zitat in einem Standard-Artikel erscheint in kursiver Schrift, der Hintergrund ist aber nicht farblich abgehoben.

- **Statusmitteilung:** Die *Statusmitteilung* soll eine kurze personalisierte Mitteilung sein, deswegen erscheint hier auch der Gravatar des Autors – sofern einer vorhanden ist.

Näheres zu den Formatvorlagen des Theme Twenty Twelve, inklusive Screenshots, erfahren Sie im Beitrag Formatvorlagen des WordPress-Standard-Theme Twenty Twelve[57].

Kategorien

In diesem Modul können Sie die Kategorie auswählen, in der Ihr Beitrag erscheinen soll. Sie haben auch die Möglichkeit, mehrere Kategorien auszuwählen oder sich nur die am häufigsten genutzten anzeigen zu lassen. Gleichzeitig können Sie hier auch eine neue Kategorie erstellen. Neue Kategorien können sonst über den Menüpunkt *Beiträge / Kategorien* eingefügt werden.

Abbildung 34: Eine Kategorie auswählen

---

57 wpbuch.de/2012/12/formatvorlagen-des-wordpress-standard-theme-twenty-twelve/

Schlagwörter

Abbildung 35: Schlagwörter hinzufügen

Hier können Sie Schlagwörter bzw. Tags eingeben und hinzufügen. Je nach Konfiguration des Blogs, in dem Ihre Beiträge veröffentlicht werden, kann es sein, dass Besucher über die Schlagwörter nach Beiträgen suchen können oder Beiträge mit ähnlichen Schlagwörtern als Empfehlung für die Leser ausgegeben werden.

Mit dem Link "Wähle aus häufig genutzten Schlagwörtern" werden Ihnen die Schlagwörter angezeigt, die Sie am häufigsten nutzen.

HINWEIS – Mehr zum Unterschied und zum Einsatz von Kategorien und Schlagwörtern können Sie im Beitrag "Kategorien und Schlagwörter richtig verstehen"[58] nachlesen.

Artikelbild

Mit dem Artikel- bzw. Beitragsbild können Sie ein Bild festlegen, das dann, wenn Sie das Standard-Theme Twenty Twelve nutzen, über dem Titel angezeigt wird.

---

58 wpbuch.de/2011/07/kategorien-und-schlagwoerter-richtig-
    verstehen/ erfahren

Artikelbild

Artikelbild festlegen

Abbildung 36: Ein Beitragsbild festlegen

Das Bild ist kein Teil des Beitrags, aber mit diesem "verknüpft".

HINWEIS – Die Ausgabe des Beitragsbildes ist immer vom genutzten Theme abhängig. Es gibt auch Themes, die diese Funktion nicht unterstützen. Oft findet man die Beitragsbilder als Thumbnails auf Übersichtseiten, wie z. B. hier[59].

Auszug

Abbildung 37: Einen Auszug verfassen

In dem Modul "Auszug" können Sie eine kurze Zusammenfassung oder einen Anreißer (engl. Teaser) zu Ihrem Beitrag verfassen.

Je nach Konfiguration können in einem Blog auf der Startseite Auszüge anstatt der vollständigen Beiträge angezeigt werden, die dann mit den eigentlichen Beiträgen verlinkt sind. Als Auszug wird dann entweder der hier verfasste Text oder automatisiert ein Auszug aus dem eigentlichen Beitrag, der die ersten 55 Wörter enthält, angezeigt.

---

59 babys-und-schlaf.de/kategorie/blog/

Trackbacks senden

Trackbacks[60] sind spezielle Links zu anderen Beiträgen im eigenen oder auch in anderen Blogs. Bezieht man sich in seinem Beitrag auf einen anderen Beitrag, so sendet man mit einer Verlinkung automatisch einen Pingback[61], so dass dieser Beitrag/Blogbetreiber darüber informiert wird. Manche Systeme allerdings unterstützten Pingbacks nicht und daher muss man als Autor manuell Trackback-Links setzen um auch diese Systeme zu "benachrichtigen". Der Track- bzw. Pingback taucht dann als Kommentar auf.

Trackbacks senden

Sende Trackbacks an:

(Mehrere URLs durch Leerzeichen trennen)

Trackbacks sind Signale an ältere Blogsysteme, dass du sie verlinkt hast. Wenn du andere WordPress-Blogs verlinkst, erfahren sie davon automatisch durch Pingbacks, du musst gar nichts weiter tun.

Abbildung 38: Manuelle Trackback senden

In der Regel erkennen Blogs Pingbacks automatisch, so dass keine manuellen Trackbacks gesendet werden müssen.

---

60 de.wikipedia.org/wiki/Trackback
61 de.wikipedia.org/wiki/Pingback

Benutzerdefinierte Felder

Benutzerdefinierte Felder

Ein neues benutzerdefiniertes Feld hinzufügen:

Name	Wert
— Wähle — ▾	
Neu eingeben	

Benutzerdefiniertes Feld hinzufügen

Benutzerdefinierte Felder dienen der Anreicherung von Beiträgen mit Metadaten; du kannst sie in deinem Theme einsetzen.

Abbildung 39: Benutzerdefinierte Felder

Die benutzerdefinierten Felder dienen dazu, dass Sie als Verfasser sog. Metadaten zum Beitrag notieren können. Das könnte z. B. das momentane Wetter, ihre Laune oder ihr aktueller Lesestoff sein. Die Spezialfelder werden vor allen Dingen in privaten Blogs verwendet und sind nicht standardmäßig im Frontend implementiert. Der Name des Feldes wäre z. B. "Wetter" und als Wert könnte man eingeben: "sonnig und heiß". Am nächsten Tag bzw. beim nächsten Beitrag wäre der Wert dann evtl. "regnerisch".

Diskussion

Die Möglichkeit für Besucher zu Ihrem Beitrag Kommentare zu hinterlassen oder Track- bzw. Pingbacks zu senden, können Sie hier – unabhängig von den globalen Einstellungen im Blog – festlegen. Die Auswahl hier kann jederzeit wieder geändert werden.

Diskussion

☑ Kommentare erlauben.
☑ Erlaube Trackbacks und Pingbacks auf dieser Seite.

Abbildung 40: Diskussionseinstellungen

Kommentare

Im Modul "Kommentare" werden alle Kommentare angezeigt, die für diesen Beitrag abgegeben wurden. Sie können die Kommentare hier auch verwalten.

Abbildung 41: Abgegebene Kommentare

Mehr zur Verwaltung von Kommentaren erfahren Sie später im Abschnitt "Kommentare verwalten bzw. moderieren".

Titelform

Hier können Sie die Titelform Ihres Beitrags bearbeiten, die sich automatisch aus dem Titel des Beitrags ergibt.

Die Titelform wird in der URL eines Beitrags wiedergegeben, wenn bei den Permalinks eine Ausgabe des Beitragnamens vorgesehen ist, z. B. *www.website.de/hallo-welt*

Die Notwendigkeit diesen zu bearbeiten ergibt sich zum Beispiel, wenn sie die URL-Adresse eines bereits publizierten Beitrags nachträglich ändern möchten. Dies kann z. B. bei einem Tippfehler in der Überschrift der Fall sein. Dafür reicht es nämlich nicht diese, also die Überschrift, zu ändern, es muss auch die Titelform angepasst bzw. korrigiert werden. Eine Änderung der URL sollte nur in Ausnahmefällen vorgenommen werden, da es sonst zu einem unnötigen Verbrauch von Speicherplatz in der Datenbank kommt. Besucher, die die alte URL aufrufen, landen nämlich nicht auf einer Fehlerseite, sondern werden auf die neue URL umgeleitet.

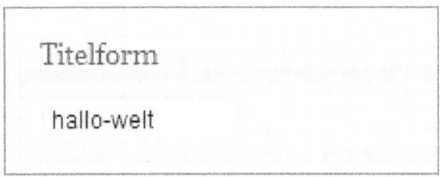

Abbildung 42: Die Titelform des Artikels

Autor

In diesem Modul wird der Autor eines Beitrags angezeigt. Er kann hier allerdings auch geändert werden. Klicken Sie dazu einfach auf den Pfeil und es öffnet sich eine Drop-Down-Liste mit den Namen aller Autoren.

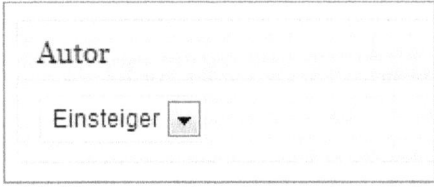

Abbildung 43: Den Autor eines Beitrags auswählen

Revisionen

Revisionen

15.05.2011 12:11 [Automatische Speicherung] von Einsteiger

13.05.2011 12:13 von Einsteiger

Abbildung 44: Mehrere Versionen eines Beitrags

In diesem Modul werden alle Versionen eines Beitrags aufgelistet. Klickt man auf einen verlinkten Zeitpunkt, so wird einem diese Fassung angezeigt und man kann sie mit einer anderen vergleichen und auch wiederherstellen.

2.7 Mit dem Bookmarklet "Press This" einen Beitrag verfassen

Im Bereich *Werkzeuge* findet man das Bookmarklet "Press This".

Was ist ein Bookmarklet? – Im Grunde genommen handelt es sich hierbei um Browser-Lesezeichen, die nicht eine Website aufrufen sondern eine Aktion starten. Diese Aktion ist in Javascript geschrieben und man könnte die Bookmarklets auch als Browser-Makros bezeichnen. Erklärung auf *Webwork-Tools.de*: Was sind Bookmarklets bzw. Favlets?[62].

Im Falle von "Press This" handelt es sich um ein Bookmarklet, welches es einem ermöglicht Beiträge für einen WordPress-Blog zu verfassen, ohne dass man sich selbst in bzw. auf der Administrationsoberfläche befindet. Das Bookmarklet erlaubt es einem zudem besonders einfach und schnell Zitate, Bilder etc. von einer Website für den eigenen Artikel zu übernehmen bzw. diese einzubinden.

2.7.1 Vorbereitung

Um das Bookmarklet nutzen zu können, muss man den Link, der sich im Bereich *Werkzeuge* befindet, seinen Lesezeichen hinzufügen. Dafür zieht man ihn entweder auf seine Lesezeichenleiste oder man wählt die entsprechende Option über einen Rechtsklick auf dem Link aus.

---

62 webwork-tools.de/2008/08/was-sind-bookmarklets-bzw-favlets/

Abbildung 45: Das Press This-Bookmarklet

2.7.2 Das Bookmarklet starten

Um das Bookmaklet bzw. die Funktion "Press This" zu starten klickt man nun einfach das Lesezeichen an und es öffnet sich ein Browserfenster, in dem man bequem einen Artikel erstellen kann – Voraussetzung ist, dass man in seinem Blog angemeldet ist. Falls nicht, muss man sich zuerst einloggen.

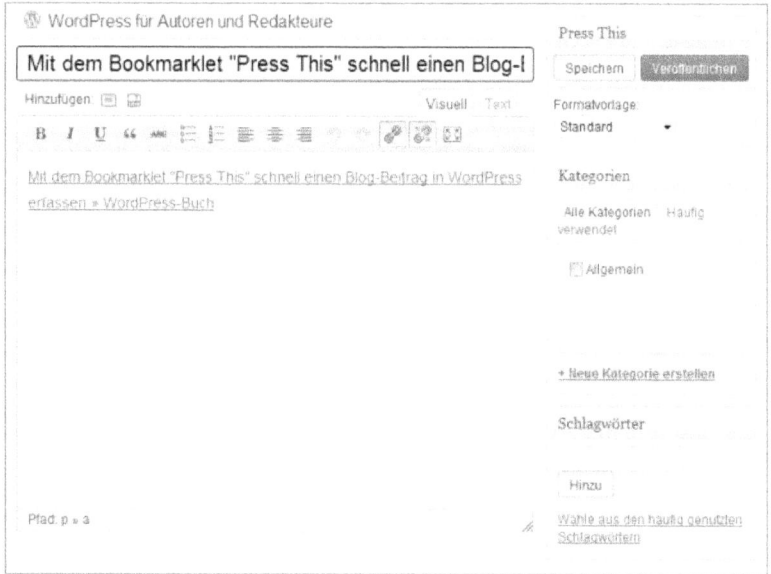

Abbildung 46: Der Press This-Editor

2.7.3 "Press This" nutzen

Das Fenster für den Schnellbeitrag bzw. der Press This-Editor beinhaltet alles, was man zum Erstellen eines Artikels benötigen:

- Editor (sowohl der Visuelle, wie auch der Text-Editor stehen zur Verfügung
- Hinzufügen von Bildern und Videos
- Formatvorlage auswählen
- Kategorie auswählen
- Schlagwörter hinzufügen
- Speichern- und Veröffentlichen-Button

Das Schreiben von Beiträgen wird zudem dadurch erleichtert, dass WordPress schon Informationen von der Seite in den Editor einfügt, auf der man sich befindet, wenn man das Bookmarklet aktiviert bzw. das "Press This"-Lesezeichen angeklickt hat. Für einen reinen Textbeitrag wird als Titel der Titel der aktuell besuchten Website und als Text der verlinkte Titel der Seite automatisch eingetragen.

Bilder einfügen

Noch interessanter wird das Bookmarklet, wenn man Bilder von der aktuell besuchten Seite in seinen Beitrag einfügen möchte. Dazu muss man auf den Button "Ein Bild einfügen" klicken (oben links über dem Editor) und WordPress zeigt einem dann automatisch eine Übersicht aller Bilder an, die sich auf der Seite befinden.

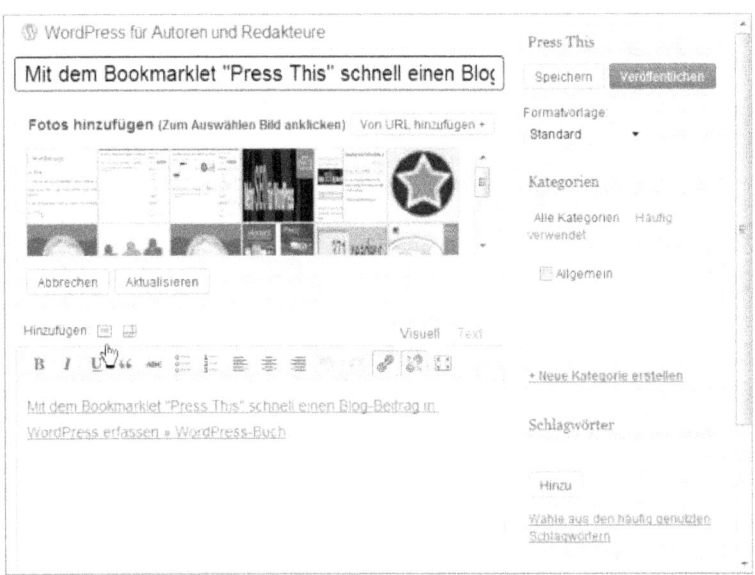

Abbildung 47: Mit Press This Bilder einfügen

Zum Einfügen eines Bildes klickt man einfach das gewünschte Bild an, gibt noch eine Beschreibung ein und wählt anschließend "Bild einfügen". Zusätzlich dazu hat man auch die Möglichkeit, über den Link "Von URL hinzufügen +" eine externe Bildadresse einzugeben. Außerdem ist es möglich, das gewünschte Bild einfach per "Drag & Drop" bzw. "Klicken & Ziehen" in den Beitrag einzufügen.

ACHTUNG – Bitte denken Sie daran, dass es Beschränkungen bei der Verwendung fremder Bilder gibt; Stichwort: Hotlinking und Urheberrecht. Das "Press This"-Bookmarklet lädt keine Bilder auf den eigenen Server hoch, sondern verlinkt diese lediglich!

Videos einfügen

Auf die gleiche Weise wie Bilder, werden auch Videos in neu erstellte Beitrag eingefügt. Einfach auf den Button "Ein Video einbinden" klicken. Wenn man sich auf einer Seite befindet, die einen Einbettungscode für Videos beinhaltet (z. B. YouTube), wird oberhalb der Textbox der Embed-Code angezeigt. Diesen kann man mit einem Klick auf den Button "Video einfügen" in seinen Beitrag einbinden.

Zitate einfügen

Möchte man von der besuchten Seite zitieren, so ist der einfachste Weg den gewünschten Textabschnitt zu markieren und dann das "Press This"-Lesezeichen anzuklicken. Der markierte Text wird dann automatisch in das Textfeld eingefügt, man muss ihn lediglich noch als Zitat kennzeichnen bzw. solchen formatieren.

Das veröffentlichte Zitat erscheint dann nach dem Veröffentlichen auf der Website bzw. im Blog und man muss sich um eine Verlinkung zur Quelle o. Ä. keine Sorgen machen.

Abbildung 48: Mit Press This zitieren

Selbstverständlich hat man auch die Möglichkeit einen Beitrag zu Speichern, so dass er nicht direkt veröffentlicht wird. Man kann ihn dann zu einem späteren Zeitpunkt über das Menü *Beiträge / Alle Beiträge* oder das Modul "Aktuelle Entwürfe" auf dem Dashboard in WordPress aufrufen, überarbeiten und ggfs. veröffentlichen.

Über den Link oben links im "Press This"-Fenster (Name des eigenen Blogs) gelangt man übrigens genau dort hin. Zu seinem eigen Blog ;-)

2.8 QuickPress

Auch das Modul "QuickPress", das sich auf dem Dashboard befindet kann genutzt werden um Beiträge zu verfassen bzw. zu veröffentlichen.

Abbildung 49: QuickPress

Auch hier finden Sie die essentiellen Bausteine, die Sie für das Verfassen eines Beitrags benötigen:

- Titelfeld
- Dateien hinzufügen
- Textfeld
- Schlagwörter einfügen
- Speichern, Verwerfen und Veröffentlichen

Was fehlt ist ein "vollwertiger" Editor, d. h. Sie haben hier keinerlei Möglichkeit mit Hilfe von Buttons und/oder Quicktags ihren Text zu formatieren.

Auch eine Auswahl der Formatvorlage und der Kategorie ist nicht möglich. Ein so verfasster Beitrag wird mit den Standard-

werten veröffentlicht. In der Praxis eignet sich dieses Modul eher
dafür schnell einen Entwurf zu verfassen, den man zu einem
späteren Zeitpunkt überarbeitet bevor man ihn dann veröffentlicht.

3. Einen Beitrag bearbeiten

Einen bereits veröffentlichten Beitrag können Sie auch später noch aufrufen, um evtl. Änderungen vorzunehmen. Das Veröffentlichen-Modul zeigt dann den Zeitpunkt der Veröffentlichung an und gibt Ihnen den Button "Aktualisieren" anstatt "Veröffentlichen" an.

Abbildung 50: Ein bereits erschienener Beitrag

Bereits veröffentlichte Beitrag erreichen Sie über das Menü: *Beiträge / Alle Beiträge*. Näheres dazu erfahren Sie auch im nächsten Abschnitt QuickEdit.

3.1 QuickEdit

Nahezu alle Einstellungen, die einen Beitrag betreffen, können Sie im Nachhinein auch ändern, ohne den eigentlichen Beitrag wieder zu öffnen. Begeben Sie sich dazu zum Menüpunkt: *Beiträge / Alle Beiträge*.

Wenn Sie nun mit der Maus über einen Beitrag fahren, erschei-

149

3. Einen Beitrag bearbeiten

nen die folgenden Links:

- **Bearbeiten:** Hiermit gelangen Sie zum eigentlichen Beitrag und können Änderungen inhaltlicher Art vornehmen.

- **QuickEdit:** Klicken Sie diesen Link an, so öffnet sich ein Bearbeitungsfenster, das es Ihnen erlaubt, kleine Änderungen am Beitrag schnell und unkompliziert vorzunehmen.

- **Papierkorb:** Hiermit wird der Beitrag in den Papierkorb verschoben.

- **Anschauen:** Der Beitrag wird Ihnen angezeigt.

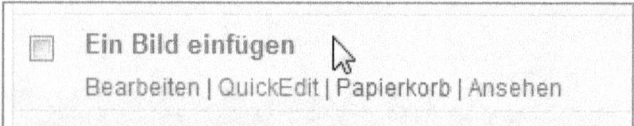

Abbildung 51: QuickEdit

Wenn Sie den Link "QuickEdit" anklicken, öffnet sich der QuickEdit-Bereich des jeweiligen Artikels und Sie können verschiedene Angaben bearbeiten.

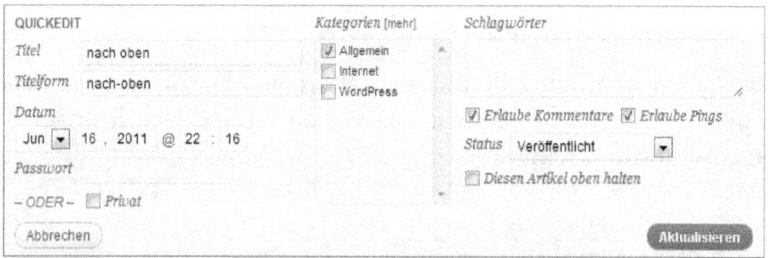

Abbildung 52: Einen Beitrag mit QuickEdit bearbeiten

Dazu zählen u. a. Titel, Titelform, Zeitpunkt der Veröffentlichung, Autor, Passwortschutz, Kategorie, Schlagwörter und die Frage ob Kommentare erlaubt sind.

Abbildung 53: Mehrere Beiträge mit QuickEdit bearbeiten

Um mehrere Beiträge zu bearbeiten, wählt man die betreffenden Beiträge mit einem Häkchen auf der Übersichtseite aus. Dann wählt man über der Liste aus dem Dropdownfeld die Option "Bearbeiten" und klickt dann auf den Button "Übernehmen". Dadurch öffnet sich ein Feld, in dem die zu bearbeitenden bzw. ausgewählten Beiträge aufgeführt sind.

Bei der Massenbearbeitung gibt es allerdings auch Abstriche, die man machen muss. So kann man zwar mehreren Artikeln gleichzeitig ein bestimmtes Schlagwort zuweisen, man kann dieses aber nicht wieder löschen. Zudem bekommt man bereits zugewiesene Schlagwörter nicht angezeigt. Das gleiche gilt auch für die Kategorie.

3.2 Beiträge moderieren

Falls an der Website bzw. dem Blog, an dem Sie mitarbeiten mehreren Autoren arbeiten, kann es sein, dass Sie als Redakteur auch verantwortlich dafür sind die Beiträge von Mitarbeitern zu genehmigen.

Mitarbeiter dürfen nämlich Beiträge nur Verfassen und dann zur Revision vorlegen. Sie können selber keine Beiträge veröffentlichen.

Sie als Redakteur sehen solche Beiträge dann in der Übersicht (Menü: *Beiträge / Alle Beiträge*), gekennzeichnet mit dem Vermerk "Offen". Oder Sie rufen eine Liste der offenen Beiträge über den dortigen Link "Ausstehend" auf.

HINWEIS – Der Link "Ausstehend" ist nur gelistet, wenn es auch offene Beiträge gibt.

Abbildung 54: Ein noch nicht freigegebener Beitrag

Damit er publiziert wird, müssen Sie ihn entweder aufrufen, also bearbeiten und dann veröffentlichen oder aber über das QuickEdit-Menü den Status des Artikels auf "Veröffentlicht" setzen.

3.3 Kommentare verwalten bzw. moderieren

Auch die Kommentarverwaltung könnte als Redakteur in Ihr Aufgabengebiet fallen. Hat ein Besucher einen Beitrag kommentiert gibt es drei mögliche Szenarien:

1. Der Kommentar wird veröffentlicht.

2. Der Kommentar landet in der Warteschleife.

3. Der Kommentar wird als Spam gekennzeichnet.

Der erste Fall (Der Kommentar wird veröffentlicht.) tritt ein, wenn ein Kommentar ohne Prüfung veröffentlicht wird. Ob und welche Prüfung stattfindet ist in den Einstellungen von WordPress und/oder genutzten Plugins festgelegt. Die Regeln dafür legt der Administrator einer Website fest.

In der Regel werden z. B. Kommentare direkt veröffentlicht, wenn der Kommentator zuvor schon mal einen genehmigten Kommentar abgegeben hat.

Im zweiten Fall (Der Kommentar landet in der Warteschleife.) müssen bzw. sollten Sie handeln, d. h. Sie müssen den Kommentar moderieren. Diese Kommentare werden in der Menüleiste mit ihrer Gesamtzahl angegeben. Sie sind sowohl im Modul "Letzte Kommentare" auf dem Dashboard wie auch in der Übersicht (Menü: *Kommentare*) gelb hinterlegt.

Abbildung 55: Kommentare

Wenn Sie mit der Maus über solch einen Kommentar fahren, erscheinen die folgenden Links:

- Genehmigen

- Antworten

- QuickEdit

- Bearbeiten

- Spam

- Papierkorb

Die meisten dieser Funktionen haben Sie ja schon im Zusammenhang mit Artikeln kennengelernt. Neu sind hier die folgenden Punkte:

- **Genehmigen:** Ein Kommentar wird genehmigt und erscheint im Frontend.

- **Antworten:** Sie können den Kommentar direkt aus dem Backend heraus beantworten.

- **Spam:** Der Kommentar wird als Spam gekennzeichnet – entspricht dem "Junk-Filter" in einem gängigen E-Mail-Programm.

Scheuen Sie sich grundsätzlich nicht davor Kommentare nicht zu veröffentlichen oder als Spam zu kennzeichnen. Denken Sie immer daran, dass Ihre Website keine frei verfügbare und kostenlose Plakatfläche für windige Werbemacher ist, sondern Ihre Präsentation des eigenen Unternehmens, der eigenen Person o. ä.

Finden Sie übrigens den Spam-Kommentar in der Abbildung 55: Kommentare?

Zusätzlich zum Dashboard und zur Übersichtseite der Kommentare, werden diese auch beim jeweiligen Beitrag im Modul "Kommentare" angezeigt. Auch hier haben Sie die o. g. Möglichkeiten der Kommentar-Moderation.

4. Seiten anpassen

Grundsätzlich können Sie alle hier vorgestellten Seiten im Adminbereich an Ihre eigenen Bedürfnisse anpassen.

Über den Button "Optionen", der sich im Kopfbereich der Seiten befindet, können Sie einen Bereich aufklappen, der Ihnen die Möglichkeit gibt, Module ein- und ausblenden.

So können Sie nicht benötigte Module dauerhaft ausblenden. Sie können zudem alle Module über einen kleinen Pfeil, der sich in der rechten oberen Ecke befindet, wenn Sie mit der Maus über diesen Bereich eines Moduls fahren, minimieren.

Abbildung 56: Optionen einblenden

Zusätzlich können Sie alle Module per Drag & Drop (Klicken & Ziehen) frei positionieren. So haben Sie eine weitere Möglichkeit, sich die Oberfläche von WordPress nach Ihren eigenen Bedürfnissen zu gestalten. Sie können auch bestimmen, mit wie vielen Spalten das Layout dargestellt werden soll.

Auf Seiten, die keine Module, sondern tabellarische Übersichten enthalten, z. B. können über die Optionen die einzelnen Spalten der Tabelle ein- bzw. ausgeblendet werden. Zudem können Sie hier bestimmen, wie viele Zeilen dargestellt werden sollen – also wie viele Einträge die dargestellte Liste pro Seite enthalten soll.

Abbildung 57: Anzahl der Zeilen bzw. Beiträge in der Tabelle festlegen

www.ingramcontent.com/pod-product-compliance
Lightning Source LLC
Chambersburg PA
CBHW051525170526
45165CB00002B/616